Sozialgefüge und Wirtschaft des Mittelalters am Beispiel der Stadt

Herausgegeben von Dr. Hermann de Buhr

Hirschgraben-Verlag · Frankfurt am Main 1973

ISBN 3-454-5913 0-9

Inhalt

Die Geburt der Stadt 4

I. Die Entstehung der mittelalterlichen Stadt und die Herausbildung der Bürgerschicht
1. Stadtstaaten und Städte 4
2. Die Bischofsstädte — Das Problem der Kontinuität 5
3. Das Aufblühen des Handels und die Wikorte 8
4. Die „Coniuratio" — Sieg der „bürgerlichen Autonomie" 10
5. Die Neugründungen 12

II. Die Stadt des Hochmittelalters
1. Stadtrecht und Stadtverfassung 15
2. Der Aufbau der Stadtbevölkerung und das Problem der sozialen Fürsorge 18
3. Patriziat und Zünfte 19
4. Stadt und Territorium 24
5. Die Hanse 24

III. Blüte und Krise der Stadt im Spätmittelalter
1. Die wirtschaftliche Entwicklung der Stadt im Spätmittelalter 26
2. Die städtische Kultur 28
3. Die Bedeutung der mittelalterlichen Stadt und des Bürgertums
   in der europäischen Geschichte 32

Daten 33

Hinweise auf die didaktische Konzeption, die Lerninhalte und Lernziele enthält das Beiheft Nr. 5923.

Umschlagbild: Brückengeld. Es wurde uns mit den Bildern 8—11 von der Staatsbibliothek Berlin zur Verfügung gestellt. Folgenden Verlagen danken wir für weitere Abdrucksrechte: Böhlau-Verlag, Köln: B 1, B 2, B 4, B 5; Bayerischer Schulbuchverlag, München: B 3; C. W. Leske-Verlag, Opladen: B 6, B 7.

Das Urheberrechtsgesetz (URG) gestattet die Vervielfältigung oder Übertragung urheberrechtlich geschützter Werke, also auch der Texte und Bilder dieses Buches, nur, wenn sie mit dem Verlag vorher vereinbart wurde. Davon werden die in den §§ 53, 54 URG ausdrücklich genannten Sonderfälle nicht berührt.

Satz · Druck · Bindearbeit: Parzeller & Co., Fulda

Die Stadt ist das typische Produktionszentrum aller Hochkulturen. Alle Hochkultur ist Stadtkultur.

        Alexander Rüstow, Ortsbestimmungen der Gegenwart, Bd. 1

Es ist nicht schlicht zu sagen: die Stadt ist die Wiege der Kultur. Große Schöpfungen, das Herstellen des Feuers, die Erfindung des Rades, der Ackerbau, sind älter. Die vielen Siedlungen, in denen der Boden kultiviert und manch entscheidendes Werkzeug erfunden wurde, waren noch keine Städte. Denkt man aber ans Finanzministerium, an die Armee, an die Polizei — auch an Observatorien, Schulen, Bibliotheken und Theater: sie entstanden in einer Stadt . . .

        Ludwig Marcuse, Stadt und künstlerische Stilbildung.
        In: Die Stadt als Lebensform. Hrsg. von O. W. Haseloff

Die Stadt ist der Geburtsort dessen, was wir bürgerliche Freiheit nennen, dieses Lebensgefühl, das sich dumpfen Herrschaftsgewalten widersetzte.

        Alexander Mitscherlich, Die Unwirtlichkeit unserer Städte

Die Krankheit unserer heutigen Städte und Siedlungen ist das traurige Resultat unseres Versagens, menschliche Grundbedürfnisse über wirtschaftliche und industrielle Forderungen zu stellen.

        Walter Gropius, Architektur

Die Schwärmerei für die Natur kommt von der Unbewohnbarkeit der Städte.

        Bertolt Brecht, Me-ti, Buch der Wendungen

Die Geburt der Stadt

Frühgeschichtliche Stadtstaaten im Vorderen Orient

„Die Stadt [. . .] ist der Ort, an dem sich nicht nur die Macht zu einem Herrschaftssystem verdichtet, sondern in dem auch immer mehr Menschen freigestellt werden, die sich nicht mehr um die nötigsten Lebensbedürfnisse kümmern müssen und damit für zahlreiche andere Tätigkeiten Zeit gewinnen. Diese Stadt ist damit grundsätzlich unterschieden vom alten Dorf, und zwar sowohl vom Jägerdorf wie vom Bauerndorf; in beiden Fällen ist die Differenzierung der Arbeit unverhältnismäßig gering. Die städtische Kultur tritt dagegen von Anfang an mit einer zwar erzwungenen, aber dennoch um nichts weniger wirksamen Differenzierung der sozialen Schichten, der wirtschaftlichen Arbeit und der Interessen in Erscheinung. Gleichzeitig werden jetzt auch Kräfte frei, die nicht nur in der Stadt selbst tätig sind, sondern die weiteren Räume erobern. [. . .]

Die Stadt [der Frühzeit] ist befestigte Stadt, an einer Seite steht die Burg des fürstlichen Herrn, daneben die Tempel. Die einzelnen städtischen Quartiere sind einzelnen Spezialisten und Handwerkern vorbehalten. [. . .] Gleichzeitig entstehen ganz neue Arten von Spezialisten in der Stadt, die sich nicht mit einer bestimmten Produktion befassen, sondern allein mit der Planung und rationalen Regelung des Tributwesens, mit den großen Fürstenbauten, mit den Wasserwerken, mit der Verteilung der Lebensmittel aus den Speicherhäusern des Königs usw. beschäftigt sind. So erscheint in der Stadt sofort die Schicht der Beamten, die [. . .] eine überaus wichtige Technik entwickeln, [. . .] die einzelnen Ereignisse des Alltags in rationaler Weise dem Vergessen zu entziehen: [. . .] nämlich die Schrift. Sie entdecken auch die Geometrie und die Arithmetik. [. . .]" (René König, Soziologische Orientierungen. Köln 1965.)

I. Die Entstehung der mittelalterlichen Stadt und die Herausbildung der Bürgerschicht

1. Stadtstaaten und Städte

T 1 Die orientalische, die antike und die europäische Stadt

„Sie [die orientalische Stadt] ist rechtlich nicht vom Dorf zu unterscheiden. Als Herrschersitz und als Verwaltungsmittelpunkt eines von ihr beherrschten Gebietes ist sie mit diesem aufs engste verbunden. Die ‚bürgerlichen' Schichten, Kaufleute und Handwerker, leben in stärkster Abhängigkeit von den politischen Mächten. [. . .]

Ist für die antike und europäische Stadt der Verbandscharakter kennzeichnend, so hat die antike Stadt mit den Städten des universellen (‚orientalischen') Typus etwas gemeinsam, was sie von der europäischen grundlegend unterscheidet. Diesen beiden fehlt die prinzipielle Trennung von Stadt und Land. Die antike Polis oder Civitas ist ein Stadtstaat. Als K. J. Beloch vor sieben Jahrzehnten daranging, die antike Bevölkerungsgeschichte zu untersuchen, fand er in der Überlieferung zwar ein umfangreiches, wenn auch sehr ungleichwertiges Zahlenmaterial. Aber es erwies sich als gänzlich unmöglich, das Verhältnis von städtischer und ländlicher Bevölkerung zu bestimmen.

Denn die Angaben bezogen sich auf den Stadtstaat, auf Stadt und Land zugleich. Diese zu trennen, lag dem antiken Denken offenbar fern. [. . .]

Ein grundlegender Wandel ist erst seit dem 11. Jahrhundert erkennbar. Nun erscheinen die Bürgergemeinde, ein neuer Kaufmannstyp und der freie Handwerker, zugleich deren genossenschaftliche Verbände, Gilden und Zünfte. [. . .] Hier scheiden sich rechtlich Stadt und Land. Die Stadt ist ein Sonderfriedensbezirk, sie hat ein eigenes Rechtsgebiet, in der das ihr eigentümliche Stadtrecht gilt. Beherrscht die Stadt ein über ihr Gebiet hinausreichendes Untertanenland, dann ist sie dessen Herr; über seine Bewohner regiert die Stadt." (Otto Brunner, Stadt und Bürgertum in der europäischen Geschichte. In: Geschichte in Wissenschaft und Unterricht 4. 1953. S. 525—537, S. 527 ff.)

2. Die Bischofsstädte — Das Problem der Kontinuität

T 2   Tacitus: Die „Städtefeindlichkeit" der Germanen

„Daß die Völkerschaften der Germanen keine Städte bewohnen, ist hinreichend bekannt, ja daß sie nicht einmal zusammenhängende Siedlungen dulden. Sie hausen einzeln und gesondert, gerade wie ein Quell, eine Fläche, ein Gehölz ihnen zusagt. Ihre Dörfer legen sie nicht in unserer Weise an, daß die Gebäude verbunden sind und aneinanderstoßen: jeder umgibt sein Haus mit freiem Raum, sei es zum Schutz gegen Feuersgefahr, sei es aus Unkenntnis im Bauen. Nicht einmal Bruchsteine oder Ziegel sind bei Ihnen im Gebrauch; zu allem verwenden sie unbehauenes Holz, ohne auf ein gefälliges oder freundliches Aussehen zu achten." (Publius Cornelius Tacitus, Germania. Übersetzt von Manfred Fuhrmann. Reclams UB 726. Stuttgart 1971. S. 13.)

T 3   Der Neubeginn städtischen Lebens — Bischofsstädte und Burga

„Solange noch der Mittelmeerhandel Westeuropa in seinen Bereich zog, glomm städtisches Leben überall weiter, in Gallien und Italien, in Spanien und Afrika. Doch diese urbane Kultur erlosch sehr rasch, als die Invasion des Islams nach Unterwerfung der afrikanischen und spanischen Küsten auch die Häfen des Tyrrhenischen Meeres verschlossen hatte. Eine Ausnahme bilden einzig das südliche Italien und Venedig, dank der Beziehungen zu Byzanz; überall sonst finden wir aber keine Spur mehr davon. Zwar blieben die Städte als solche bestehen, doch Handwerker und Händler verschwanden daraus und mit ihnen alles, was von einem städtischen Leben aus der Römerzeit übriggeblieben war.

Die Bischofsstädte. Die *civitates,* in denen Bischöfe residierten, waren lediglich Zentren der Diözesanverwaltung. So behielten sie ihre sicherlich gewichtige kirchliche Bedeutung bei, der aber wirtschaftlich nichts Ähnliches entsprach. Höchstens, daß ein kleiner Lokalmarkt, gespiesen durch die Bauern der Umgebung, den täglichen Bedürfnissen des zahlreichen Kathedralklerus, sodann der umliegenden Kirchen und Klöster und deren Leibeigenen nachkam. Während der großen Jahresfeste strömten die Bevölkerung des Sprengels und Pilger herbei, was einen gewissen Umsatz zur Folge hatte. Doch in all diesem läßt sich ein Kern der Erneuerung nicht erkennen. In Tat und Wahrheit hängen die Bischofsstädte vollständig vom Lande ab. Sie werden durch Einkünfte und Leistungen aus Ländereien erhalten, die dem in ihren Mauern residierenden Bischof oder den Äbten gehören. Ihr Leben beruht im wesentlichen auf der Landwirtschaft, sie sind zugleich Sitz der kirchlichen und der grundherrschaftlichen Verwaltung.

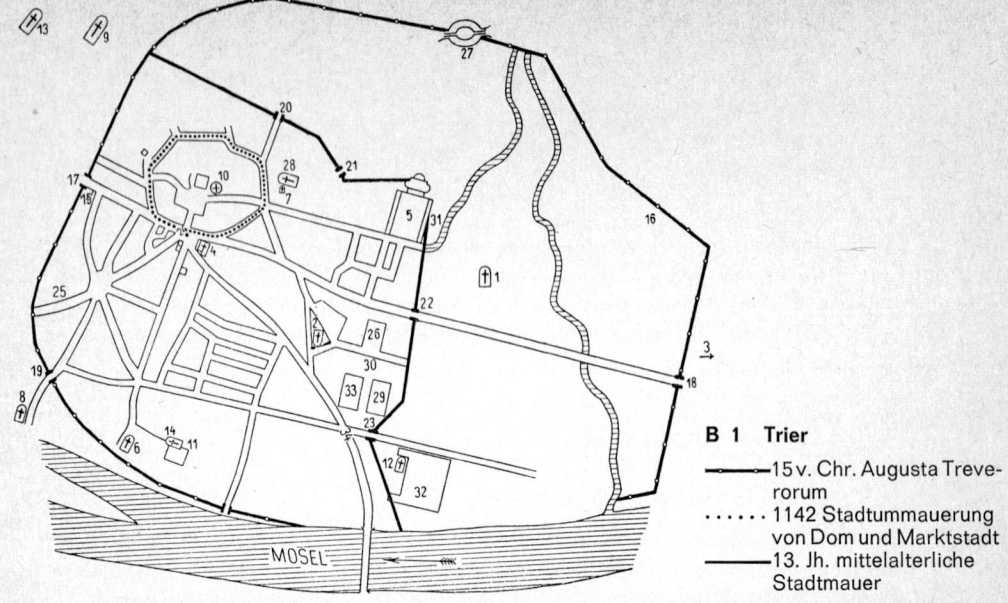

B 1 Trier

———— 15 v. Chr. Augusta Treverorum
······ 1142 Stadtummauerung von Dom und Marktstadt
———— 13. Jh. mittelalterliche Stadtmauer

1 St. Alban. 2. St. Antonius. 3 St. Eucharius um 450. 4 St. Gangolf 10. Jh. 5 St. Gervasius. 6 St. Katharina. 7 St. Laurentius. 8 St. Martin 6. Jh. 9. St. Maximin 6. Jh. 10 Dom St. Maria. 11 St. Maria ad horrea. 12 St. Maria ad pontem. 13 St. Paulin. 14 St. Paulus. 15 St. Simeon. 16 Porta Alba. 17 Porta Nigra. 18 Porta Mediana. 19 Martinstor. 20 Musilport. 21 Castelport. 22 Neutor. 23 Neidtor. 24 Markt. 25 Pferdemarkt. 26 Viehmarkt. 27 Amphitheater. 28 Basilica. 29 Palastanlage. 30 Forum. 31 Kaiserthermen. 32 Barbarathermen. 33 Palast des Victorinus. 34 Brückenstraße.
(Hans Planitz, Die deutsche Stadt im Mittelalter. Köln 1954. S. 15.)

Die befestigten Plätze (burgum). In Kriegszeiten dienten ihre alten Ummauerungen der umliegenden Bevölkerung als Zufluchtsort. Doch mußten während der Periode großer Unsicherheit, die auf den Zerfall des Karolingerreiches anbrach, überall neue Refugien errichtet werden; Sicherheit wird zum obersten Bedürfnis der Menschheit, die im Süden vor den Schlägen der Sarazenen bangt und im Norden, Westen und Osten von den Normannen bedroht ist, wozu noch im Anfang des 10. Jhs. die schrecklichen Kavalkaden der Ungarn hinzukommen. Westeuropa ist dannzumalen übersät von festen Plätzen, erbaut von den feudalen Gewalten zum Schutz ihrer Hintersassen. Diese Festen, die gewöhnlich *burgum* genannt werden, bestehen in der Regel aus einem mit Eingängen versehenen Wall von Erde oder Steinen, um den sich ein Graben legt. Die Bewohner der Umgebung werden zu Bau und Unterhalt aufgeboten. Eine Reiterschar liegt darin in ständiger Garnison. Ein fester Turm *(donjon)* dient dem Feudalherrn als Wohnung; ein Stift von Chorherren sorgt für die Bedürfnisse der Seele, Kornhaus und Scheunen nehmen schließlich Getreide, Rauchfleisch und sonstige von den grundherrlichen Hintersassen erhobene Naturalabgaben auf. Letzteren liegt die Verpflegung der Garnison und im Falle von Gefahr auch jene der Flüchtlinge ob, die sich und ihr Vieh zu bergen suchen. So hängt das weltliche *burgum* ebensosehr an Grund und Boden wie die Bischofsstadt. Wirtschaftliche Aktivität ist ihm fremd. Beide entsprechen genau der bäuerlichen Kultur der Zeit. Sie sind weit davon entfernt, zu ihr in Gegensatz zu treten, tragen vielmehr dazu bei, sie zu erhalten." (Henri Pirenne, Sozial- und Wirtschaftsgeschichte Europas im Mittelalter. Bern 1951. S. 43 ff.)

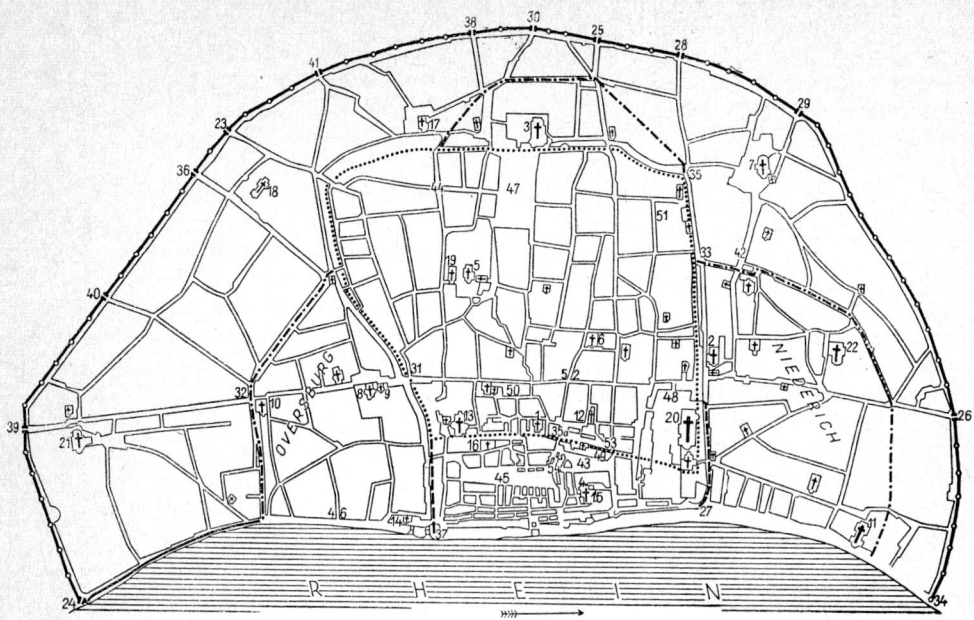

B 2 Köln

· · · · · 50 n. Chr. Colonia Claudia Agrippina   – – – Bischofshof 8. Jhs. / Um 950 Rheinvorstadt   · — · — · 1106 neue Mauer mit Oversburg, Niederich und St. Aposteln ——— Große Mauer seit 1180
1 St. Alban um 1149. 2 St. Andreas 817. 3 St. Aposteln 965. 4 St. Brigida 1172. 5 St. Cäcilie 941. 6 St. Columba 980. 7 St. Gereon 4. Jh. 8 St. Georg 1056—67. 9 St. Jakob 1069. 10 St. Johann Baptist 948. 11 St. Kunibert 663. 12 St. Laurenz um 1135. 13 St. Maria im Kapitol (vorkarolingisch). 14 St. Maria Lyskirchen. 15 St. Martin (groß) 935—965. 16 St. Martin (klein) um 1130. 17 St. Mauritius. 18 St. Pantaleon 866. 19 St. Peter um 1152. 20 St.-Peter-Dom. 21 St. Severin 348. 22 St. Ursula (merowingisch). 23 Bachtor. 24 Bayenturm. 25 Ehrenpforte. 26 Eigelsteintor. 27 Frankenturm. 28 Friesentor. 29 Gereonstor. 30 Hahnentor. 31 Hohe Pforte. 32 Johannispforte. 33 Judenpforte. 34 Kunibertsturm. 35 Löwenpforte. 35a Marktpforte. 36 Pantaleonstor. 37 Saphirenturm. 38 Schafenpforte. 39 Severinstor. 40 Ulrepforte. 41 Beyertor. 42 Würfelpforte. 43 Alter Markt. 44 Griechenmarkt. 45 Heumarkt. 46 Holzmarkt. 47 Neumarkt. 48 Hacht. 49 Rathaus. 50 Sandkaule. 51 Berlich. 52 Hohe Straße. 53 Judengasse. 54 Münze. (Hans Planitz, Die deutsche Stadt im Mittelalter. Köln 1954. S. 7.)

T 4 Die Kontinuitätsfrage im Städtewesen

„Überblickt man noch einmal diese verschiedenen Stellungnahmen zum Problem der spätantik-mittelalterlichen Kontinuität im Städtewesen, so fällt auf, daß im Mittelpunkt sehr häufig die Frage nach der Siedlungskonstanz steht. Das ist einerseits verständlich, denn dieses Problem ist von allen noch am leichtesten zu lösen. Aber es muß andererseits doch darauf hingewiesen werden, daß es das uninteressanteste ist. Gewisse Punkte werden auf Grund der Gunst ihrer Schutz- oder Verkehrslage immer wieder Siedler anlocken, zumal wenn auch noch irgendwelche Reste eines steinernen Kernes, seien es Mauern, Häuser oder gar Kirchen mit ihren Reliquien, erhalten sind. Nur sehr starke Strukturveränderungen des wirtschaftlichen oder sozialen Gefüges werden an diesen Punkten für längere Zeit die Siedlungskontinuität unterbrechen können. Gut gelegene Plätze werden sich in der Regel immer wieder durchsetzen. Man faßt die Dinge sicher falsch an, wenn man dieser Frage zuviel Gewicht beilegt. Siedlungskontinuität besteht nicht nur bei vielen Römerstädten, sondern etwa auch im nichtrömischen Gebiet zwischen manchen karolingischen

‚curtes' und späteren Städten, zwischen den slawischen ‚Suburbien' und den deutschrechtlichen Städten; wenn man Schlesinger folgen will, auch zwischen manchen Plätzen aus germanischer Zeit und späteren Bischofssitzen und Handelsplätzen. Die eigentlichen Probleme beginnen doch erst *nach* dieser Feststellung. Die entscheidende Frage muß doch sein, ob von einer Kontinuität von Funktionen gesprochen werden kann. Gibt es eine Kontinuität von Verwaltungsaufgaben, von Wirtschaftszweigen, von Rechtsinstitutionen, von kirchlichen Einrichtungen und dergleichen? Welches ist ihre Art? In welchem Umfange existiert sie? Auf welchen der genannten Gebiete sind Brüche festzustellen? Welche Funktionen, die als städtische zu bezeichnen sind, erhalten sich? Inwieweit sinkt ein Ort zeitweise zu rein agrarischen Formen ab? Dieses scheinen mir die Fragen zu sein, die entscheidend sind. Wenn ein Ort in der Spätantike städtisches Leben besessen hat, dann aber ganz zu einer rein agrarischen Siedlung — und sei es auch in den erhaltenen Resten der römischen Hülle — herabgesunken ist und im Mittelalter wieder zur Stadt wird, dann liegt eben in der uns hier interessierenden städtischen Kontinuität ein Bruch, und es ist im Grunde für uns ohne Belang, ob er zwischen den beiden städtischen Perioden noch besiedelt war oder nicht." (Carl Haase, Neue Untersuchungen zur frühen Geschichte der europäischen Stadt. In: Vierteljahreshefte zur Sozial- und Wirtschaftsgeschichte 46. 1959. S. 378—394, S. 388.)

3. Das Aufblühen des Handels und die Wikorte

T 5   Die Bürgergemeinde im Norden

„Anders als im Süden, wo die Stadt stets bestanden hat und nur ihre Bedeutung und ihre Stellung im politisch-sozialen Gefüge einem Wandel unterlagen, war die Lage nördlich der Alpen und der Loire. Die Germanen hatten keine Städte besessen. Stammesvororte, Fluchtburgen lassen wohl Ansätze erkennen, an die aber die spätere Stadtentwicklung nicht unmittelbar anknüpft. Wohl aber scheint die Fluchtburg, die sich in der Hand der Gaufürsten befand, bereits der Ort eines höheren Friedens gewesen zu sein und unter ‚Burgrecht' gestanden zu haben. Auf ehemals römischen Boden haben die Civitates wohl ihre wirtschaftliche Funktion weitgehend verloren. Auch sie werden um ihrer Mauern willen zu Fluchtburgen. Aber hier lebt der Bischof fort, und eine Anzahl dieser Civitates ist auch zu Residenzen weltlicher Herrscher geworden. Mit dem Aufbau einer Diözesanorganisation rechts des Rheines seit der Mitte des 8. Jahrhunderts wird der Typus der Civitas als Domburg nach Osten getragen. Auch Klöster und die seit dem 9. Jahrhundert sich rasch mehrenden Herrenburgen haben eine analoge Stellung. Aber nur bei einem geringen Teil von ihnen ist eine Stadt erwachsen.

Zur ‚Burg' tritt der ‚Wik', die Kaufmannssiedlung, von jener vorerst noch geschieden. Nicht zufällig entwickeln sie sich vor allem an den großen Flüssen und an Kreuzungspunkten der Fernhandelsstraßen. Der Kaufmann dieser Jahrhunderte ist ein ‚Wanderhändler', er tritt in Karawanen auf, die sich für ihre Züge zu genossenschaftlichen Verbindungen (Hansen) zusammenschließen. Doch besitzt auch dieser Kaufmann einen dauernden Wohnsitz als Ausgangspunkt seiner Züge, wohin er im Winter zu seiner Familie zurückkehren kann. Er ist persönlich frei und bedarf daher des besonderen Schutzes der Königsmacht. Erst dem einzelnen Kaufmann verliehen, wird der Schutz seit dem 10. Jahrhundert auf die Gruppe der im Wik siedelnden Kaufleute insgesamt erstreckt; diese bilden eine ‚Gilde', eine Schutzbrüderschaft, die die Funktionen der Sippe übernimmt und in Formen sakralen Ursprungs lebt. Ein königlicher Wik- oder Hansegraf steht ihnen vor. Hier entwickelt sich ein Kaufmannsrecht. Die ‚Burg', in der das herrschaftliche Moment überwiegt, und der genossenschaftlich geordnete Wik stehen nebeneinander. Nur dort, wo die Lage dem Fernhandel günstig ist, entstehen bei den schutzgewährenden Civitates und Burgen Wike, mögen auch die größeren Hofhaltungen und Herrensitze als Abnehmer fördernd gewirkt haben. Zum Kaufmann tritt der Handwerker, der im Dienst des Kaufmanns arbeitende Handwerker, der von den in den großen Grundherrschaften tätigen, von ihren Herren abhängigen Hofhandwerkern geschieden ist. Der im Fernhandel tätige Kaufmann und das ihm dienende Gewerbe heben sich als ein Bereich ‚freier Stadtwirtschaft', als ‚Wik' oder ‚Burgus' von dem politisch-militärisch-kultischen Zentrum in Civitas oder Burg deutlich ab. Aber es kommt bald zu einer Verknüpfung und Durchdringung.

Die Herrschaft über die Civitates ist weithin an die Bischöfe, zum Teil auf Grafen, übergegangen. Die Kaufmannssiedlungen werden ummauert und mit Civitas oder Burg verbunden. Auch sie werden zur Festung. Aber ihre Bewohner sind vorwiegend Händler und Handwerker; hier besteht die Gilde und das Kaufmannsrecht. Es umfaßt nur die Händler. Mit dem wachsenden Zustrom, namentlich von Handwerkern, aber erhält die werdende Stadt eine über die Kaufleutegilde hinausreichende Bevölkerung. Sie wird zur Nachbarschaft, zur Siedlungsgemeinde und zur Heeres- und Gerichtsgemeinde im Raum der stadtherrlichen Immunität. Hier gilt das Recht des Kaufmanns und des Marktes und damit eines gesteigerten Friedens. Er gewährt Asyl gegen die Selbsthilfe und schaltet im Gerichtsverfahren das Kampfrecht aus. Wer in der Stadt lebt, ist oder wird nach einer Frist frei, d. h. frei von grundherrlichen Bindungen. Diese Bürgergemeinde steht aber noch unter der Leitung stadtherrlicher Organe. Der letzte Schritt ist daher auch hier, daß sie selbständig handelnd auftritt und sich selbst eine ‚Obrigkeit' setzt. Diese erscheint nach italienischem Vorbild als Rat. Doch ist dies erst das Endergebnis längerer, vom 11. bis ins 13. Jahrhundert dauernder Auseinandersetzungen. Sie haben sich zum Teil friedlich, zum Teil aber auch in heftigen Kämpfen vollzogen. Dabei bildet die Stadtgemeinde vielfach eine Coniuratio, einen Schwurverband, der durch den Eid zu einem handlungsfähigen Verband wird und dem Stadtherrn gegenübertreten kann." (Otto Brunner, Inneres Gefüge des Abendlandes. Historia Mundi, Bd. VI. Hrsg. von Fritz Valjavec. Bern 1958. S. 348.)

T 6 Die Kaufmannsgilde in den Wikorten

„Die germanische Gilde ersetzt dem Fahrmann die Sippe, in deren Schutz der Ortsgebundene, der seine Heimat nie verließ, war, oder auch den Schutz eines Herrn. Sie ist ein rein bruderschaftliches Verhältnis, das unterscheidet sie von der Gefolgschaft, die einem Herrn dient. Sie ist mehr als eine erweiterte Blutsbrüderschaft, so sehr Elemente der Blutsbrüderschaft in sie eingingen. Denn sie ist auch eine Opfer- und Speisegemeinschaft, das manifestiert sich im Gildegelage, das ein wesentlicher Bestandteil der Gilde ist ...

Kernbestandteil des Gildegelages ist die Totenehrung, die sowohl in der dem blutsbrüderschaftlichen Verhältnis entspringenden Pflicht als im kultischen Brauchtum des Männerbundes wurzelt. Als geschworene Brüder waren die Gildegenossen einander zur Totenehrung und zur weitestgehenden Hilfeleistung verpflichtet. Die Gilde war zwar durch Eidschwur fest zusammengehalten, dabei aber sehr locker organisiert. Sie hatte als Organe Vorsteher, Aldermänner, und die Gildeversammlung. Sie war ein exklusiver Personalverband; die Aufnahme eines Mitglieds war von der Billigung aller Gildegenossen abhängig. Das hauptsächliche Straf- und Zwangsmittel der Gilde war die Ausstoßung." (Edith Ennen, Die europäische Stadt des Mittelalters. Göttingen 1972. S. 51.)

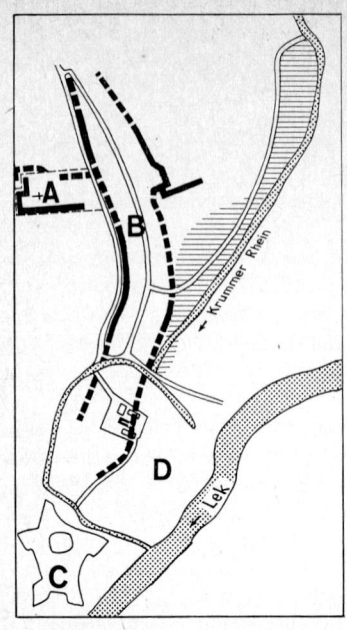

B 3 Dorestad

Dorestad lag an der Gabelung des Krummen Rheins und des Leks. Es hatte eine Länge von über 1 km und eine Breite von 90 bis 150 m. Vom 7. bis 9. Jahrhundert war es ein wichtiger Handelsplatz für den fränkisch-friesischen Handel.

≡ Altes Flußbett
— Flechtmauer
-- Vermutete Flechtmauer
A Fränkisches Kastell mit Kirche
B Kaufmannssiedlung der fränkischen Zeit (Wik)
C Hochmittelalterliche Burg
D Heutige Stadt Wijk

(Großer Historischer Weltatlas, 2. Teil. Bayerischer Schulbuchverlag, München 1970. S. 128.)

T 7 Tiel: Die Kaufmannsgilde (1018)

Tiel war im 9. Jahrhundert ein wichtiger Handelswik im Rheindelta. Bischof Albert von Metz vermittelt uns ein gewisses, wenn auch wohl einseitig gezeichnetes Bild der Kaufmannsgilde von Tiel.

„Sie (die Kaufleute von Tiel) sind harte Leute und durch keine Strafe an Disziplin gewöhnt. Sie entscheiden die Urteile nicht nach dem Gesetz, sondern nach ihrer eigenen Gerichtsbarkeit, und sie sagen, daß ihnen diese vom Kaiser durch Privileg gegeben und zugesichert sei. Wenn einer von irgendeinem anderen Geld geliehen hat und jener es zu dem fälligen Termin zurückverlangt, behauptet er trotzig, das sei eine Lüge, und er schwört, daß er von jenem nichts erhalten habe. Wenn jemand wegen Meineids gefaßt wird, behaupten sie, er könne von keinem widerlegt werden. [...]

Bis in den frühen Morgen treiben sie ihre Trinkgelage. [...] Deswegen tragen sie gemeinsam das Geld zusammen und teilen es den einzelnen zum Gewinn zu. Von diesem Geld setzen sie zu bestimmten Zeiten im Jahr Trinkgelage an, und sie betreiben an Festtagen gleichsam feierlich die Trunkenheit." (Nach: F. Keutgen, Urkunden zur städtischen Verfassungsgeschichte. Berlin 1901. Nr. 75, S. 44.)

4. Die „Coniuratio" — Sieg der „bürgerlichen Autonomie"

T 8 Die „Coniuratio"

„Die städtische Eidgenossenschaft (coniuratio) ist jünger als die Gilde, die noch der stadtherrlichen Zeit angehörte; ihre Spuren beginnen um 1100. Sie umfaßte alle Teile der Stadt zum Ganzen und führte in bestimmten Städtelandschaften (nicht rechts des Rheins) die ‚Commune' herauf. Zwar haben die führenden Männer der Kaufmannsgilde bei der Begründung der Eidgenossenschaft mitgewirkt, doch geschah dies auf dem Hintergrund der sozialen Umschichtung innerhalb der Städte, deren Dynamik neues Recht schuf. Die Bürger erhoben sich gegen die Rechtswillkür ihrer Stadtherren. Das brachte ihnen Anerkennung ihres Schwurverbandes, der sich im Bereich der Stadt selber Frieden und Ordnung setzen wollte.

Die neuen Schwurverbände nannten sich ‚coniuratio', ‚communio iurata' (Eidgenossenschaft) oder ‚pax' (Friedensverband). Die ethischen Grundlagen dieser neuen Gemeinschaft waren gegenseitige Treue, Rachepflicht, Hilfspflicht bei Not. Die Treue zur Genossenschaft verpflichtete zum Dienst mit der Waffe, zum Mauerbau und zum gemeinsamen Tragen der Lasten." (Karl Bosl, Staat, Gesellschaft, Wirtschaft im deutschen Mittelalter. In: B. Gebhardt, Handbuch der Deutschen Geschichte. Hrsg. von H. Grundmann. Stuttgart ⁹1970. Bd. I, S. 815.)

T 9   Der Kölner Aufstand von 1074

„Zu dieser Zeit ereigneten sich in Köln Dinge, die des Bedauerns und der Tränen aller Rechtschaffenen wert sind; man weiß nicht, ob durch den Leichtsinn des Volkes oder durch die Machenschaften derer, die das Schicksal des Königs am Erzbischof rächen wollten. Der Wahrheit am nächsten wird die Vermutung kommen, daß die Kölner dem Vorgehen der Bürger von Worms folgten, die in aller Munde waren, weil sie dem König im Unglück die Treue gehalten und den Bischof, der sich aufzulehnen versuchte, aus der Stadt gejagt hatten. Diesem bösen Beispiel nacheifernd, wollten sie dem König durch ihr Handeln einen erfreulichen Beweis ihrer Ergebenheit darbringen. Der Zufall bot diesem bedenkenlosen Vorhaben eine passende Gelegenheit. Der Erzbischof beging das Osterfest in Köln. Bei ihm war der Bischof von Münster, den er im Hinblick auf ihre vertraute Freundschaft zur Teilnahme an den Freuden des großen Festes eingeladen hatte. Als dieser nach den ersten Festtagen heimkehren wollte, wurde den Bediensteten des Erzbischofs der Befehl erteilt, für die Reise ein geeignetes Schiff zu besorgen. Nach eingehender Musterung beschlagnahmten sie das Schiff eines reichen Kaufmanns, weil es ihnen für den vorgesehenen Zweck am passendsten erschien, und befahlen, die Ladung auszuladen und das Schiff unverzüglich für den Dienst des Bischofs vorzubereiten. Da die Knechte, denen die Bewachung des Schiffes aufgetragen war, sich weigerten, drohten sie ihnen mit Gewalt... Jene eilten daraufhin unverzüglich und so rasch sie konnten zu dem Besitzer des Schiffes, meldeten den Vorfall und fragten, was zu tun sei. Dieser hatte einen erwachsenen Sohn, der durch Kühnheit und körperliche Stärke ausgezeichnet war und sowohl durch verwandtschaftliche Bindungen als durch seine Verdienste bei den Vornehmsten der Stadt ungewöhnlich beliebt war. Der junge Mann rief seine Knechte und andere junge Leute aus der Stadt — so viele er bei solch plötzlichem Anlaß zu seiner Unterstützung auftreiben konnte — zusammen und lief eilig zum Schiff. Dort jagte er die Bediensteten des Erzbischofs, die hartnäckig darauf drangen, das Schiff auszuräumen, schmählich von dannen. Als sich der Stadtvogt darauf der Sache annahm und bei dessen Ankunft der Streit erneut aufflammte, trieb er auch diesen mit gleicher Entschlossenheit zurück und schlug ihn in die Flucht. Schon eilten beiden Parteien Freunde bewaffnet zu Hilfe, und es sah aus, als liefe die Angelegenheit auf einen gefährlichen und bedenklichen Kampf hinaus. Als man dem Erzbischof die Nachricht brachte, die Stadt werde durch einen heftigen Aufruhr erschüttert, schickte er sofort Boten aus, um die Volksbewegung zu stillen, und drohte zornig, in der nächsten Gerichtssitzung die aufrührerischen jungen Männer durch gebührende Strafen zu züchtigen...

Der Sohn des oben erwähnten Kaufmanns, der den Volksaufstand entfacht hatte, und wenige andere wurden geblendet, einige mit Ruten geschlagen und kahl geschoren; alle büßten durch empfindliche Vermögensstrafen und wurden gezwungen, einen Eid zu leisten, daß sie hinfort für den Erzbischof die Stadt gegen jede Gewalttätigkeit verteidigen wollten, so gut sie es durch Rat und Tat vermöchten, und die aus der Stadt Geflüchteten solange als ihre ärgsten Feinde betrachten, bis sie dem

Erzbischof gebührende Genugtuung geleistet haben würden ..." (Lampert von Hersfeld, Annalen a 1074.)

T 10   Privileg Heinrichs V. für Speyer (1111)

„Wir haben kraft kaiserlicher Gewalt auf den Rat unserer Fürsten beschlossen, die Rechte (dieser Stadt) zu stärken. Wir haben unsere Bürger von jedem Zoll befreit, der in der Stadt bisher gezahlt wurde. Wir haben ihnen jenes Geld erlassen, das in der Volkssprache Bannpfennig heißt, samt dem Geld, das sie Schoßpfennig genannt haben, dazu auch den Pfeffer, der von den Schiffen verlangt wurde. Wir wollen auch, daß keiner unserer Bürger gezwungen werde, außerhalb der Stadtgrenze die Gerichtsverhandlung seines Vogtes zu besuchen. [. . .] Kein Beauftragter unterstehe sich, [. . .] das Schiff seines Bürgers wider dessen Willen mit Gewalt in den Dienst seines Herrn zu stellen. Wir wollen auch, daß nichts von denen gefordert werde, die eigene Waren auf eigenen oder gemieteten Schiffen verfrachten. Keine Obrigkeit darf auch aus irgendeinem Grund das Geld leichter oder schlechter machen, außer auf den gemeinsamen Beschluß der Bürger hin. [. . .] Der Bischof oder eine andere Obrigkeit kann nicht erzwingen, daß eine Gerichtssache, die in der Stadt bereits begonnen ist, außerhalb der Stadt entschieden werde." (Nach: F. Keutgen, a. a. O., Nr. 21 b.)

5. Die Neugründungen

T 11   Die Neugründung Lübecks durch Heinrich den Löwen (1158/59)

„Zu dieser Zeit (1157) wurde die Stadt Lübeck durch eine Feuersbrunst zerstört, woraufhin die Kaufleute und die übrigen Bewohner eine Abordnung zum Herzog schickten und ihm vortragen ließen: ‚Schon lange steht der Lübecker Markt auf euren Befehl unter Verbot. Wir sind aber bis jetzt in der Stadt geblieben in der Hoffnung, daß wir den Markt durch euer gnädiges Wohlwollen zurückerhalten würden; auch wollten wir wegen unserer mit großen Kosten errichteten Gebäude nicht wegziehen. Nach der Zerstörung unserer Häuser hat es aber keinen Sinn, sie an einem Ort wiederaufzubauen, wo kein Markt abgehalten werden darf. Gewähre uns also einen Platz für den Bau einer Stadt, wo immer du es für gut erachtest.' Daraufhin bat der Herzog den Grafen Adolf, ihm den Hafen und die Insel in Lübeck zu überlassen. Der war dazu aber nicht bereit. Da begann der Herzog an der Wakenitz im Ratzeburger Land, nicht weit von Lübeck, eine neue Stadt zu bauen und zu befestigen. Er nannte sie nach seinem eigenen Namen ‚Lewenstad' — Stadt des Löwen. Da dieser Ort als Hafen und Befestigung weniger geeignet und nur für kleinere Schiffe erreichbar war, nahm der Herzog seine Verhandlungen mit dem Grafen Adolf über den Hafen und die Insel von Lübeck wieder auf, wobei er ihm viele Versprechungen für den Fall machte, daß dieser seinem Willen gehorchte. Endlich gab der Graf nach und überließ ihm gezwungenermaßen die Burg und die Insel. Auf Befehl des Herzogs kehrten die Kaufleute sofort zurück, verließen freudig die Unbequemlichkeiten der neuen Stadt und begannen, die Kirchen und Mauern der Stadt wiederaufzubauen. Der Herzog sandte Boten zu den Städten und Reichen des Nordens, nach Dänemark, Schweden, Norwegen und Rußland, und bot ihnen Frieden, damit ihnen der freie Handel mit seiner Stadt möglich würde. Lübeck verlieh er eine Münze, Zollrechte und höchst ehrenvolle Stadtfreiheiten. Von da an blühte das Leben der Stadt auf, und die Zahl ihrer Bewohner wuchs ins Vielfältige." (Nach: Helmold von Bosau, Slawenchronik, Scriptores rerum Germanicarum ex Monumentis Germaniae Historicis. Hrsg. von Bernhard Schmeidler. Hannover 1937. S. 168 f.)

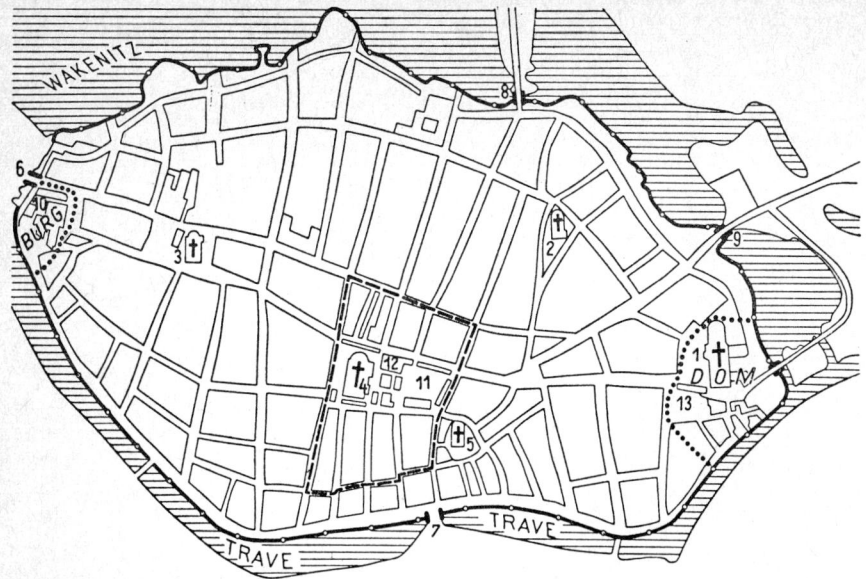

B 4 Lübeck

Um 1050 wendische Burg mit Siedlung; 1138 Zerstörung; 1143 Gründung durch Adolf von Schauenburg (Domgegend) ····· . / 1158 Gründung durch Heinrich den Löwen ———. / 1160 Bistum, 1163 Stadt Lübeck ummauert. / 1188 Barbarossa-Privileg; 1201—25 Dänenherrschaft; nach 1225 Ummauerung ▬▬ . / 1226 Lübeck Reichsstadt; 1251/52 Bau der Marienkirche. 1 Dom 1163. 2 St. Ägidien. 3 St. Jacob. 4 St. Marien 1170. 5 St. Petri 1170. 6 Burgtor. 7 Holstentor. 8 Hüxter Tor. 9 Mühlentor. 10 Burg. 11 Markt. 12 Rathaus. 13 Bauhof.
(Hans Planitz, a. a. O., S. 141.)

T 12 Die These vom Gründungsunternehmerkonsortium

„Am Anfang der Entwicklung steht in den Gründungsstädten Lübeck und Freiburg nicht, wie die herrschende Lehre annimmt, die organlose Vollversammlung der Gemeindemitglieder, sondern die Unternehmervereinigung. Nur deshalb konnte die älteste Gemeinde dieser Städte zunächst ‚organlos' sein, weil von vornherein alle Funktionen, soweit sie nicht dem Stadtherrn vorbehalten blieben, dem Unternehmerverband zufielen; ohne diese sehr gewichtige Tatsache bleibt eine ‚organlose' Gemeinde ein undenkbares Etwas, zumal im schwierigsten Augenblick: dem Augenblick der Stadtgründung und Stadtanlage. Wenn auch die urkundliche und literarische Überlieferung Lübecks nichts von einem Unternehmerkonsortium berichtet — in seinem eigensten Werke, der Anlage der Stadt und namentlich des Marktes, haben sich seine Spuren so deutlich erhalten, daß an seinem Vorhandensein nicht mehr gezweifelt werden kann. Diese Erkenntnis in ihrer weit über das Lokalgeschichtliche hinausreichenden Bedeutung ist der Hauptgewinn, den der Rechtshistoriker der Rekonstruktion des Lübecker Marktes zu Ende des 13. Jahrhunderts zu entnehmen hat. Die Zweifel, die den nach gleicher Richtung hinzielenden Schlüssen aus der urkundlichen Überlieferung Freiburgs i. Br. gegenüber noch möglich waren, dürften dieser auffallenden Parallelentwicklung gegenüber verstummen. Das Problem der Ratsverfassung in den Gründungsstädten Freiburg und Lübeck ist nicht einzustellen auf

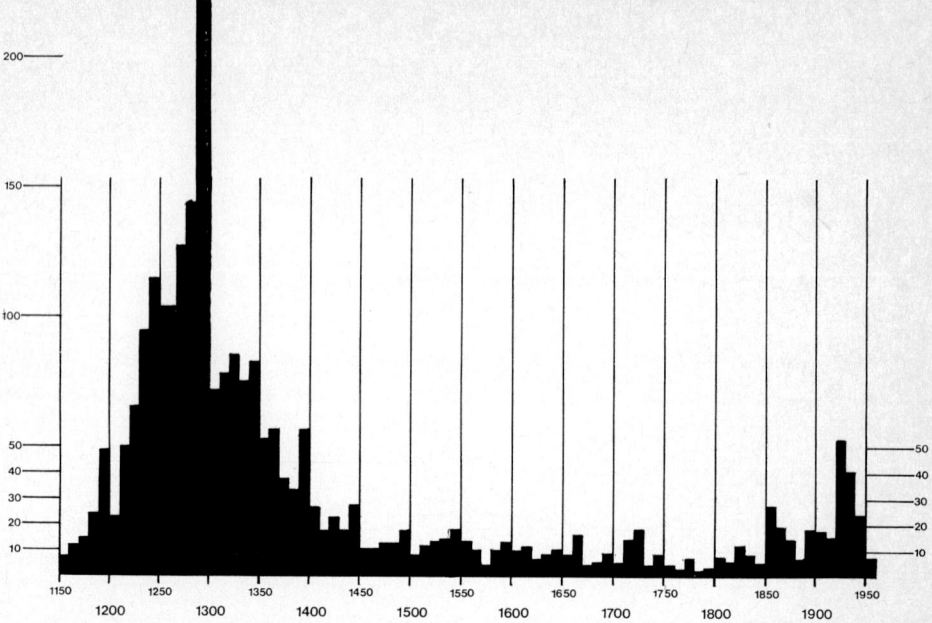

B 5 Darstellung der Stadtentstehung in Mitteleuropa (rd. 2000 Städte erfaßt). Nach: Heinz Stoob, Kartographische Möglichkeiten zur Darstellung der Stadtentstehung in Mitteleuropa besonders zwischen 1450 u. 1800. In: H. Stoob, Forschungen z. Städtewesen in Europa, Bd. I, S. 15—42, S. 21.

die Frage: wann bildeten die anfangs organlosen Gemeinden einen Bürgerausschuß — sondern: wann wandelte sich die Unternehmervereinigung zum Rat, und wann und in welchem Umfang gewann allmählich die Gemeinde Anteil an der Herrschaft, die von den durch ihre Teilnahme an der Stadtgründung bevorzugten Familien ausgeübt wurde? In Freiburg i. Br. bildet nach dieser Richtung das Jahr 1248 eine entscheidende Cäsur: den alten Vierundzwanzig treten neue Vierundzwanzig zur Seite. In Lübeck ist die gesamte innere Verfassungsentwicklung bis zur Gegenwart eine fortgesetzte Lösung dieser Frage. Nimmermehr aber hätte der Rat und spätere Senat von Lübeck die Fülle herrschaftlicher Gewalt haben und behaupten können, wenn die Wurzel seiner Macht in einer Übertragung von seiten der Gemeinde beruhte. Der Ursprung seiner Macht ist älter als die Gemeinde. Sie hat ihre letzte Quelle in den Funktionen, die Herzog Heinrich dem Unternehmerkonsortium beim Gründungsvorgang zuerkannte." (Fritz Rörig, Der Markt von Lübeck, 1921. In: Wirtschaftskräfte im Mittelalter. Hrsg. von P. Kaegbein. Köln 1969. S. 61.)

Problem und Diskussion

1. *Versuchen Sie nach dem Auszug aus Otto Brunners Aufsatz „Stadt und Bürgertum in der europäischen Geschichte" (T 1) die mittelalterliche Stadt von der antiken Stadt abzugrenzen! Worin besteht das Neue der mittelalterlichen Stadt?*
2. *Beschreiben Sie die Veränderungen des Stadtgebietes von Köln und Trier! (B 1, B 2) Geben Sie Gründe dafür an!*

3. Welche Stellung bezieht Carl Haase zur Kontinuitätsfrage im Städtewesen? (T 4) Nehmen Sie Stellung dazu!
4. Vergleichen Sie die Bischofsstadt, den Burgus und den Wik! Welche unterschiedlichen Funktionen treten hervor? Welche Unterschiede in der Bevölkerung und im Recht gibt es?
5. Wodurch unterscheiden sich die Fernhändler von der übrigen Bevölkerung? Wie charakterisiert Albert von Metz ihre Kaufmannsgilde? (T 7)
6. Untersuchen Sie den Bericht Lamberts von Hersfeld (T 9) über den Aufruhr in Köln! Worum geht es nach seiner Darstellung bei diesem Aufruhr? Welche Vermutung stellt er im Hinblick auf das Verhältnis der Bürger zum König an? Welche Stellung bezieht Lampert von Hersfeld zu dem Aufruhr? Gibt es Erklärungen dafür?
7. Beschreiben Sie den Stadtplan von Lübeck! (B 4) Welche Ansätze lassen sich erkennen?
8. Geben Sie die These Rörigs vom Gründungsunternehmerkonsortium wieder! (T 12) Von welchen Voraussetzungen geht Rörig aus? Nehmen Sie Stellung dazu!
9. Interpretieren Sie die Graphik von Stoob zur Stadtentstehung in Mitteleuropa! (B 5) Versuchen Sie, Erklärungen für die unterschiedliche Zahl der Stadtgründungen in den einzelnen Zeitabschnitten zu finden!

II. Die Stadt des Hochmittelalters

1. Stadtrecht und Stadtverfassung

T 13 Freiheitsprivileg für Lübeck (1226)

„Im Namen der heiligen und ungeteilten Dreifaltigkeit. Friedrich II., von Gottes Gnaden römischer Kaiser, allzeit Mehrer des Reichs, König von Jerusalem und Sizilien.

Immer dann, wenn die Erhabenheit kaiserlicher Hoheit gegen ihre Untertanen und Getreuen die Hand ihrer Freigebigkeit ausstreckt und sie als verdiente Leute mit den Gaben angemessenen Entgeltes belohnt, festigt sie diese in der Beständigkeit reiner Treue und bindet ihren Willen und den der anderen Getreuen noch stärker an den Gehorsam ihr gegenüber. Deswegen wollen Wir, es möge allen gegenwärtigen und zukünftigen Getreuen des Reiches kundgemacht werden, daß Wir — die reine Treue und aufrichtige Ergebenheit vor Augen, die alle Lübecker Bürger, Unsere Getreuen, gegen Unsere Hoheit, wie man weiß, so lobenswert hegen —, auch im besonderen Hinblick auf die recht bedeutenden und willkommenen Dienste, die sie Uns und dem Reich stets getreulich zu leisten bemüht waren und die sie Uns in Zukunft immer noch besser werden leisten können —, [schließlich] in dem Willen, ihnen als verdienten Leuten in hochherziger Gebefreudigkeit entgegenzukommen —, [daß Wir also] ihnen fest überlassen, die oben genannte Stadt Lübeck solle stets frei sein, d. h. sie solle eine unmittelbare Stadt, ein Ort des Reiches sein und unmittelbar der kaiserlichen Herrschaft unterstehen, wobei sie niemals von dieser unmittelbaren Herrschaft getrennt werden soll; ferner bestimmen Wir, daß immer dann, wenn zur Leitung dieser Stadt vom Reich ein Amtmann eingesetzt wird, zu diesem Amt nur jemand berufen werden soll, der aus den benachbarten Orten dieser Stadt stammt, und zwar in der Weise, daß die Burg namens Travemünde von diesem Amtmann gleichfalls befehligt wird. Wir gewähren den genannten Bürgern auch, daß von keinem ihrer Leute in Oldesloe Zoll gefordert werden soll. Überdies gewähren Wir ihnen, daß sie in der

Stadt eine Münze mit Unserem Namenszug schaffen und prägen dürfen, welche zeit Unseres Lebens und Heinrichs, des erlauchten römischen Königs, Unseres hochgeliebten Sohnes, gleicherweise gelten soll; und dafür sollen sie alljährlich an Unseren Hof sechzig Mark Silber abführen. Wenn dann aber in Zukunft ein neuer Nachfolger kommt, so soll unter gleichem Zins und gleichem Recht die Münze erneuert werden und während dessen Lebenszeit gültig sein; und in der Weise soll, so verordnen Wir, mit der Münze jeweils von Nachfolger zu Nachfolger wie oben angegeben verfahren werden. Obendrein verordnen Wir und gewähren ihnen, daß weder Wir noch einer Unserer kaiserlichen Nachfolger von ihnen Geiseln fordern darf; vielmehr soll man sich in der Bewahrung der Treue gegenüber dem Reich mit dem bloßen Schwur begnügen und ihm Vertrauen entgegenbringen. Alle getreuen Kaufleute sollen außerdem, wenn sie um ihrer Geschäfte willen über Land oder zu Wasser in die Stadt kommen, stets unbehelligt kommen und gefahrlos abreisen, wenn sie nur die entsprechende Gebühr bezahlen, zu der sie verpflichtet sind. Außerdem befreien Wir die genannten Lübecker Bürger, wenn sie nach England fahren, von der sehr mißbräuchlichen und belastenden Abgabe, die, wie es heißt, die Leute von Köln und Tiel und deren Genossen gegen sie ausgeheckt haben, und tilgen diesen Mißbrauch gänzlich; vielmehr sollen sie nach Recht und Stand leben wie die Leute von Köln und Tiel und deren Genossen. Auch verleihen Wir ihnen die Insel gegenüber der Burg Travemünde namens Priwolc (Priwall) zu künftigem Besitz nach Stadtrecht, dem sogenannten ‚Weichbild'. Ferner wollen und bestimmen Wir, es möge streng beachtet werden, daß kein hoher oder niederer Geistlicher oder Laie sich irgendwann herausnimmt, eine Befestigung zu bauen oder eine Burg an der Trave, flußaufwärts von der Stadt bis zur Quelle des Flusses, und flußabwärts von der Stadt bis zum Meer, und auf beiden Ufern auf zwei Meilen; und ganz strikt verbieten Wir, daß irgendein auswärtiger Vogt sich herausnimmt, innerhalb der Grenzen der Stadt die Vogtei auszuüben und Recht zu sprechen. Und weil Wir die Bürger in Zukunft vor allen schlimmen und ungebührlichen Auflagen schützen wollen, verbieten Wir streng, daß irgendwo im ganzen Herzogtum Sachsen die ‚Ungelt' genannte Abgabe von ihnen erhoben oder eingefordert wird. Außerdem soll sich kein Fürst, Herr oder Adliger der angrenzenden Landschaften herausnehmen zu verhindern, daß das Lebensnotwendige von überallher in die Stadt Lübeck gebracht wird, sei es von Hamburg, von Ratzeburg, von Wittenburg, von Schwerin oder auch aus dem ganzen Lande Borwins und seines Sohnes; und überall in diesen Ländern darf jeder Lübecker Bürger, reich oder arm, ohne Behinderung kaufen und verkaufen. Weiter verbieten Wir streng, daß ein höherer oder niederer Geistlicher oder Laie irgend jemand freies Geleit in diese Stadt gewährt, so daß der sich dann etwa vor Gericht nicht zu verantworten brauchte, wenn einer ihn belangt. Wir wollen überdies und befehlen nachdrücklich, daß, wann und wo im ganzen Reich diese Bürger in Zukunft einen Schiffbruch erleiden, ihnen all das, was sie von ihren Sachen aus solcher Gefahr retten können, ohne jede Behinderung und ohne Einspruch gänzlich überlassen wird. Wir verleihen ihnen ferner den Grund und Boden außerhalb von Travemünde, neben dem Hafen, wo man das Hafenzeichen hält; dabei geben Wir ihnen die Befugnis, den Grund und Boden frei zu Nutzen und Vorteil der Stadt Lübeck zu verwenden. Aus der Überfülle Unserer Gnade verleihen und bestätigen Wir ihnen für immer und ewig ihre Rechte, alle guten Nutzungen und guten Gewohnheiten, die sie von den Zeiten Kaiser Friedrichs, Unseres Großvaters seligen Angedenkens, bis jetzt nachweislich besessen haben. Dabei setzen Wir fest und verfügen kraft dieser Urkunde nachdrücklich, daß kein niederer oder höherer Geistlicher oder Laie es wagen soll, die schon genannten Lübecker Bürger, Unsere Getreuen, in all dem oben Genannten mit Frevelmut zu behindern oder zu belästigen. Wer das wagen sollte, der wisse, daß er zur Strafe für seinen Frevelmut Unserer Ungnade und der

Strafe von fünfhundert Pfund reinen Goldes verfällt, wovon die Hälfte Unserer Kammer, die andere Hälfte denen, die das Unrecht erlitten haben, zu zahlen ist.

Damit aber all dies stets rechtsgültig und unantastbar bleibe, haben Wir diese Urkunde anfertigen und mit dem Wachssiegel Unserer Hoheit bestätigen lassen."
(Propyläen Weltgeschichte, Bd. IV. Hrsg. von Walter Goetz. Berlin 1932. S. 337.)

T 14 Der Freiburger Stadtrodel (1120)

„Es sei den lebenden und zukünftigen Geschlechtern bekannt, daß ich Konrad (von Zähringen) auf meinem eigenen Besitz Freiburg einen Markt eingerichtet habe im Jahre des Herrn 1120. Nachdem ich Kaufleute der Umgebung zusammengerufen habe, habe ich beschlossen, mit einer Eidgenossenschaft (quadam coniuratione) diesen Markt zu begründen und einzurichten. Jedem Kaufmann habe ich ein Grundstück zum Bau eines eigenen Hauses gegeben und bestimmt, daß von jedem dieser Hausgrundstücke jährlich am St.-Martins-Tag mir und meinen Nachfolgern ein Schilling Zins gezahlt werden soll. Jedes Hausgrundstück soll eine Länge von 100 Fuß und eine Breite von 50 Fuß haben. Es sei bekannt, was ich nach den Wünschen und Bitten der Kaufleute an Privilegien festgelegt habe.

1. Ich verspreche allen jenen, die zu meinem Markt kommen, Frieden und Schutz (pacem et securitatem). Wenn einer in diesem Bereich beraubt worden ist und er nennt den Räuber, soll er den Schaden ersetzt bekommen.

2. Wenn einer meiner Bürger stirbt, soll seine Frau mit seinen Kindern alles besitzen ohne jeden Einspruch, was er hinterlassen hat. Wenn er aber ohne Frau und Kinder und ohne einen gesetzlichen Erben stirbt, sollen die 24 Kaufleute als Eidgenossen (coniuratores fori) seine Hinterlassenschaft ein Jahr lang in Gebrauch haben. [...] Meldet sich kein Erbberechtigter, soll ein Drittel der Hinterlassenschaft zugunsten des Seelenheils des Verstorbenen verwendet werden für die Armen, das zweite zur Befestigung der Stadt oder zum Schmuck des Rathauses, der dritte Teil gehört dem Herzog.

3. Allen Kaufleuten der Stadt erlasse ich den Zoll.

4. Meinen Bürgern will ich keinen anderen Vogt und Priester geben außer den, welchen sie selbst gewählt haben.

5. Wenn ein Streit oder Rechtsfall unter den Bürgern entsteht, soll nicht von mir oder meinem Richter darüber entschieden werden, sondern nach Gewohnheit und Recht aller Kaufleute, wie sie besonders in Köln geübt werden.

11. Jeder, der in diese Stadt kommt, darf sich hier frei niederlassen, wenn er nicht der Leibeigene irgendeines Herrn ist und diesen auch anerkennt als seinen Herrn. Der Herr kann aber seinen Leibeigenen in der Stadt wohnen lassen oder ihn aus der Stadt wegholen lassen wie er will. Wenn aber ein Leibeigener seinen Herrn verleugnet, kann der Herr mit sieben Zeugen beweisen, daß der Leibeigene ihm gehört. Dann soll der Leibeigene ihm gehorchen. Wer aber über Jahr und Tag in der Stadt gewohnt hat, ohne daß irgendein Herr ihn als seinen Leibeigenen gefordert hat, der genießt von da an sicher die Freiheit.

16. Keiner der Dienstmannen oder Leibeigenen eines Herrn darf in der Stadt wohnen und das Bürgerrecht genießen, wenn er nicht die Erlaubnis aller Bürger besitzt [...]

33. Die Bürger sind verpflichtet, auf einer Kriegsfahrt oder anderen Unternehmungen den Herrn länger als eine Tagesreise weit zu begleiten, so daß sie in der nächsten Nacht wieder in die Stadt zurückgelangen können. [...]

40. Bürger dieser Stadt ist, wer ein freies Erbeigentum von mindestens einer Mark besitzt." (Nach: F. Keutgen, a. a. O., Nr. 133, S. 117.)

T 15 Eid bei der Aufnahme in die Bürgerschaft (Köln 1355)

„Dyt sulen dieghiene sweren, die men van nuwes intfengit zu burgeren zu Colne.
1. Zu deme eirsten sulen sie sweren deme râde ind der stede van Collen getruwe ind holt zu sien ind yre beste zu werven[1] ind yre argeste zu warnen, so wa sie dat wissent ind vernement.
2. Item der sturmclocken nazuvolgin ind seyn ganz harnasch[2] zu haven in urber[3] des raitz ind der stede van Collen.
3. Item so wanne sie desen eyt gedaen hait, so sal men yn die burgerschaf lenen myt alle der vriehede die andere burgere havent. Is dan dat he zu Collen gewoent ind gesessen het dru jair zu hus, so sal he geven 6 gulden van deme sweirsten gewichte; ind is ouch, dat he min gesessen hait dan dru jair, so sal he geven 12 gulden.
4. Ouch vort sal man sie vragen, of sie ymans eygen sijn. Item weirt sache, dat sie ymans eygen weren, de sie vurderde bynnen jairs na datum sijns briefs, so sal man yn syme herren laiszen volgen ind sijne burgerschaf en sal yme gheine stade[4] neit doin." (F. Keutgen, a. a. O., Nr. 182, S. 245.)

2. Der Aufbau der Stadtbevölkerung und das Problem der sozialen Fürsorge

T 16 Einwohnerzahlen deutscher Städte

„Als Großstädte sind im Mittelalter die Orte mit mehr als 10 000 Einwohner zu betrachten. Ihre Zahl war sehr gering. Die größte Stadt war Köln; sie zählte in der Mitte des 16. Jahrhunderts rund 31 000 Einwohner und dazu 6100 Geistliche, Studenten und Fremde. Frankfurt hatte 7000 bis 10 000 Einwohner, Basel 10 000 im Jahre 1446 und 8000 im Jahre 1455, Rostock etwa 14 000 im Jahre 1410, Augsburg 18 300 im Jahre 1475, Breslau 14 000 bis 15 000 im Jahre 1403, wenn auf die 2272 Steuerzahler je 4,7 Köpfe gerechnet sowie die Steuerfreien und die Geistlichen zugezählt werden, Braunschweig 15 000 bis 17 000 im Jahre 1403. Über 20 000 Einwohner hatten im 15. Jahrhundert außer Köln: Ulm 20 000 im Jahre 1427, Lübeck 22 300 um 1400, Danzig 20 000 im Jahre 1416, Hamburg 22 000 im Jahre 1419 und Nürnberg 22 800 im Jahre 1438 und 20 200 Einwohner im Jahre 1449. Straßburg zählte außerdem um 1474 20 722 ‚Stadtleute' und 5476 ‚Landleute'.
Städte von mittlerer Größe waren im Späten Mittelalter Dresden mit 3745 Einwohnern im Jahre 1396, 3101 im Jahre 1453, 2228 im Jahre 1477 und 2565 im Jahre 1501 und Zürich mit 5000 bis 6000 Einwohnern am Anfang des 15. Jahrhunderts, Görlitz hatte 7800 Einwohner im Jahre 1426, 8300 im Jahre 1472 und 10 600 erst im Jahre 1533. Stettin hatte 9000 Einwohner im Jahre 1350, 9500 im Jahre 1470, 13 000 im Jahre 1560, 11 200 im Jahre 1586, 12 200 im Jahre 1600. Wismar hatte 8000 bis 9000 Einwohner um 1475, 5946 im Jahre 1799 und 12 817 im Jahre 1868. Bautzen zählte im Jahre 1400 etwa 5300 Einwohner und ging wegen des Hussitenkrieges bis 1431 auf 4200 und bis 1436 auf 3300 zurück. Heidelberg hatte 5200 Einwohner im Jahre 1439, Nördlingen 5295 im Jahre 1459, Mainz 5767 am Ende des 15. Jahrhunderts, Leipzig 4000 im Jahre 1474, Mühlhausen i. Thür. 7000 bis 9000, Trier 8000 bis 9000, [...]" (Erich Keyser, Bevölkerungsgeschichte Deutschlands. Leipzig 1941. S. 264.)

1 bemühen 2 Harnisch 3 Bereich 4 Hilfe

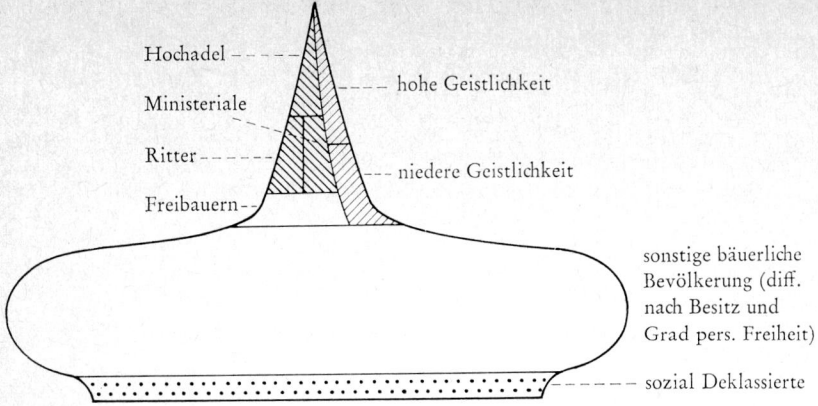

B 6 Hauptgruppen im Statusaufbau der ländlichen Feudalgesellschaft. (Karl Martin Bolte, Deutsche Gesellschaft im Wandel. Opladen 1966. S. 270.)

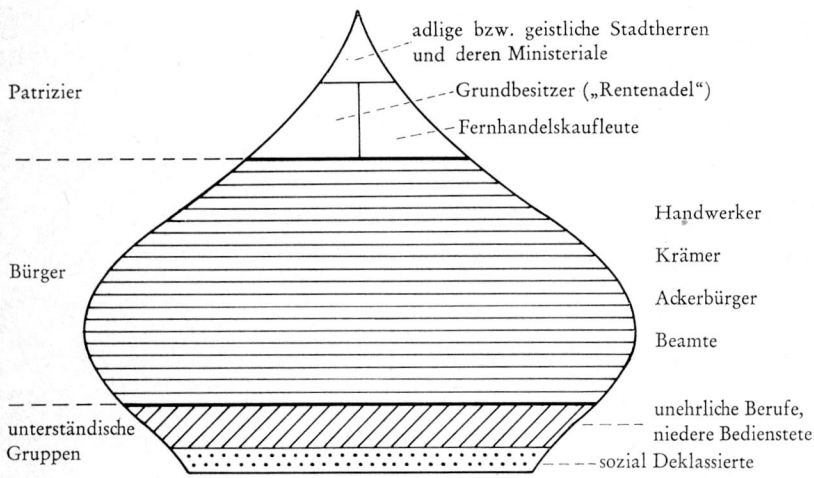

B 7 Hauptgruppen im Statusaufbau der mittelalterlichen Stadt. (Karl Martin Bolte, a. a. O., S. 270.)

3. Patriziat und Zünfte

T 17   Zunftordnung der Leinweber (Ulm 1346)

„1. Zum ersten haben sie festgesetzt, daß sie alle Zeit einen vereidigten Leinwandmesser haben sollen: Dieser soll jährlich vor den Meistern einen festgelegten Eid bei den Heiligen schwören, Reichen und Armen, Bürgerkindern, Fremden und einem jeden die Leinwand richtig zu messen.

3. Auch sollen sie allzeit zwölf Geschworene haben, die das Handwerk in allen Stücken besorgen und ausrichten sollen nach dem Recht und der Gewohnheit des Handwerks.

4. Und die vereidigten zwei Beschauer sollen mit dem vereidigten Leinwandmesser alle Leinwand überall in der Stadt, in den Häusern und auf dem Markt deutlich und ausdrücklich wöchentlich besehen und beschauen.

5. Wenn sie in den Häusern oder auf dem Markt eine Leinwand finden, die zu dünn ist [...], so soll ein Meister dem Handwerk einen Schilling Heller geben; stammt aber die Leinwand von einem Handwerksgesellen, der soll und muß sechs Heller geben. [...]

6. Wo auch die vereidigten zwei Beschauer und der vereidigte Messer hier in Ulm in unserer Stadt auf ungebleichte Leinwand stoßen, [...] die besonders das Handwerk betrifft, so sollen sie sie in drei Stücke schneiden, wenn sie zu dünn ist, und niemand soll sie deswegen mißgünstig ansehen noch hassen.

9. Und wenn ein Fremder, es seien Frauen oder Männer, der das Handwerkerrecht vorher nicht besaß, das Handwerk treiben und ihr gemeinsames Recht haben will, der soll das haben und erwerben und gewinnen, wie das früher durch Gewohnheit geregelt worden ist.

11. Diejenigen Auswärtigen oder Gäste, die ihre Leinwand und ihre Stücke ungebleichter Leinwand mit den Handwerksgenossen hier in Ulm anbieten wollen und sich zu ihnen auf den offenen Markt setzen, die sollen auch das vorgeschriebene Geld mit dem Handwerk leiden und tragen. Wem das nicht paßt, der soll seine Leinwand anderswo feilhalten, wo er will in der Stadt, aber nicht bei ihnen (auf dem Markt)."
(Nach: F. Keutgen, a. a. O., Nr. 286.)

T 18 Die Weberschlacht in Köln (1369/1370)

(Der Verfasser ist unbekannt. Er steht auf seiten des Stadtadels)

„In den Pfingsttagen des Jahres, da man schrieb 1369, rotteten sich in Köln die Weber zusammen, zogen vor das Rathaus und forderten, daß Rat und Schöffen zu ihnen herauskämen. Der Rat sandte drei seiner Mitglieder zu ihnen und ließ sie fragen, was des Volkes Begehren sei. Da sprach ein Weber: ‚Ihr Herren, die Schöffen haben einen Mann in der Hacht[1] liegen. Über ihn, so wollen unsre Zunftgenossen, soll Gericht gehalten werden; denn er hat auf der Straße geraubt.' ‚Ihr Herren', gab der Rat zur Antwort, ‚geduldet euch noch einige Tage, bis die Wahrheit an den Tag gebracht worden ist und man die Verteidigung gehört hat; dann mag er nach der Schöffen Urteil sein Leben verlieren.'

Hierauf hielten die Weber eine Einigung ab und berieten, wie man den guten Leuten[2] ihre Macht nehmen könne. Darnach strebten sie zugleich mit allen Ämtern[3] in der Stadt. [...] Es mußte nach dem Willen der Weber gehen. Der neue Rat wurde in folgender Weise gebildet: Fünfzehn Männer wurden aus den Geschlechtern gewählt, wie das von alters her Sitte war; daneben wurde noch ein weiterer Rat erkoren, der zählte fünfzig Mitglieder. In diesem Rate waren viele Ämter vertreten, Pelzer, Schmiede, Gürtelmacher, Sarwörter[4], Maler; von den Krämern waren zwei dabei, von den Kannegießern einer. Hierzu kamen Riemer, Löher[5] und Goldschmiede. Gott schlage mit Krankheit, die solches ersannen und es dahin brachten, daß die gute Stadt Köln mit solchen Ratsleuten besetzt wurde. So trieben es die Weber und hatten es dabei so eingerichtet, daß sie die Mehrheit im Rate hatten und alles nach ihrem Willen gehen mußte. Ihre Gewalt war so groß, daß es die Besten sehr verdroß; aber sie konnten es nicht ändern und stimmten daher in ihrer Weise ein. Mußte man eine Abgabe in der Stadt festsetzen, so sollte das Tuch allemal von der Akzise befreit sein und der Wein sie allein tragen. Auch hatten sie die Schlüssel der Stadt, ihr Siegel

---

1 Haft   2 den herrschenden Geschlechtern   3 Zünfte oder Bruderschaften
4 Harnischschmiede   5 Lohgerber

und ihren Schatz. Erkoren wurde der Rat, da man schrieb nach Gottes Geburt 1370, vierzehn Tage nach St. Johannis, und er währte ein Jahr und fünf Monate." (Quellen zur Allgemeinen Geschichte des Mittelalters. Hrsg. von G. Guggenbühl. Zürich 1946. Nr. 103, S. 232.)

T 19 Die Zunftkämpfe

a) Henri Pirenne: Die Demokratische Revolution

„Oft werden die Aufstände der Zünfte gegen das Patriziat soziale Revolutionen genannt. Der Ausdruck ist nicht exakt, sofern man demokratisch im heutigen Sinne versteht. Die Insurgenten dachten keineswegs an eine Volksherrschaft. Ihr Horizont ging nicht über die Stadtmauern hinaus; er blieb auf die eigene Zunft beschränkt. Jedes Handwerk verlangte für sich allein Anteil an den Regierungsgeschäften und kümmerte sich im übrigen wenig um die Nachbarn. Der revolutionären Aktivität zog der Partikularismus seine engen Grenzen. Es kam allerdings vor, daß alle Zünfte einer Stadt gemeinsam gegen die patrizische Oligarchie Front machten. Doch geschah es mitunter auch, daß sie nach errungenem Sieg gegenseitig Krieg führten. Man darf auch nicht vergessen, daß alle diese sogenannten Demokraten Mitglieder gewerblicher Vereinigungen waren, welche das außerordentliche Privileg des Monopols innehatten. So wie sie die Demokratie verstanden, betraf diese nur Privilegierte." (Henri Pirenne, Sozial- und Wirtschaftsgeschichte, a. a. O., S. 192.)

b) Fritz Rörig: Der Kampf um Anteil am Stadtregiment

„Im Hansegebiet dagegen war man vorsichtig und bedenklich, zu bedenklich geworden. Der alte, die eigene Kraft immer wieder einsetzende Unternehmergeist ließ sichtlich nach. Die Söhne und Enkel wagender Kaufleute zogen es vor, ihre Gelder aus den Geschäften herauszuziehen und ein Rentnerleben zu führen. Als Männer solcher Art hier und anderwärts im Rat der Stadt, gestützt auf ein kräftig ausgebildetes Zirkel- und Cliquenwesen, Einfluß gewinnen, weht ein anderer Geist in den Ratsstuben als in den großen Zeiten vorher. Dieser jetzt führenden Rentnerschicht fehlt die innere Legitimation zur Führung, nämlich die eigene, für das Ganze eingesetzte Leistung.

Durch Vetternwirtschaft und undurchsichtige Finanzgebarung war so etwas nicht zu ersetzen. Im Gegenteil: hierdurch wurde das Zutrauen der Bevölkerung zu einem von diesen Kreisen beherrschten Rat zerstört.

Von diesem Strukturwandel her müssen die im späten Mittelalter beginnenden inneren Unruhen in vielen Städten verstanden werden. An ihnen beteiligten sich vor allem die Zünfte der Handwerker, aber auch Kaufleute, die sich durch die Rentner im Rat gehemmt fühlten. Diese sogenannten ‚Zunftkämpfe' sind weniger Kämpfe um wirtschaftliche als um politische Ziele, nämlich um Anteil der Zünfte am Stadtregiment. Sie sind mit verschiedenem Erfolg ausgetragen worden. In Nürnberg behielt die nach wie vor aktive kaufmännische Oberschicht auch weiterhin die Führung fest in der Hand. In anderen Städten erzielte die Zunftbewegung erhebliche Erfolge. In der Mehrzahl der Hansestädte behauptete sich der aus Kaufleuten und Rentnern bestehende Rat unter klugem Entgegenkommen gegen die Notwendigkeiten. Auch Straßburgs Verfassung war um 1500 in Humanistenkreisen berühmt wegen ihres kunstvollen Ausgleichs der verschiedenen Interessen. Kein Geringerer als Erasmus hat sie mit den echt humanistischen Worten gepriesen: ‚Eine Monarchie ohne Tyrannen, eine Aristokratie ohne Parteiungen, eine Demokratie ohne Tumult, Wohlstand ohne Luxus, Glück ohne Übermut, das ist ein Zustand, den zu erleben ich dem göttlichen Platon gegönnt hätte.'

Schlimm aber sah es dort aus, wo Zunft und Zunftgeist allein ans Ruder kamen. So in Freiburg im Breisgau nach 1470. Hier werden die alten Fernhandelsbeziehungen der Stadt mit einer auf die Spitze getriebenen Konsequenz zerschnitten. Hier ist wirklich das zweifelhafte Ideal der ‚Stadtwirtschaft' erreicht worden. Hier ging man auf die ‚Autarkie' der Stadt aus. Alles läuft schließlich auf Futterneid hinaus: jeder Handwerker beobachtet mißtrauisch den anderen. Das Ergebnis war, daß die Bevölkerungszahl der Altstadt Freiburg von etwa 9000 bis 9500 im Jahre 1385 auf 5700 im Jahre 1500 sank und daß in den Jahren 1494 bis 1520 fast der achte Teil des gesamten Häuserbestandes zur Versteigerung kam. Das war ein Zeichen des Verfalls, der dann eintrat, wenn sich die Stadt ihren ursprünglich sie tragenden Kräften entfremdet hatte." (Fritz Rörig, Die Stadt in der deutschen Geschichte. In: Wirtschaftskräfte im Mittelalter. Hrsg. von P. Kaegbein. Köln 1969. S. 658—680, 672.)

c) Philippe Dollinger: Zunftkämpfe im Bereich der Hanse

„Die Ursachen und Umstände dieser Kämpfe sind sehr verschieden, und man muß sich vor jeder Verallgemeinerung hüten. Die Exklusivität des Patriziats, der Ehrgeiz mächtiger Persönlichkeiten, die politischen Bestrebungen der Handwerke und der vom Stadtregiment ausgeschlossenen Kaufleute, die Rivalitäten der Geschlechter untereinander, die Unzufriedenheit über die Abgaben und die schlechte Verwaltung der Finanzen spielten bei den Erhebungen, die zudem durch das Vorbild der flämischen Städte aufgestachelt wurden, eine unterschiedliche Rolle. Die Historiker des Ostens und des Westens sind sich darin einig, diesen Konflikten den Charakter sozialer Kämpfe abzusprechen: man kann nicht von Aufständen der Armen gegen die Reichen sprechen, nicht einmal von einem scharfen Gegensatz zwischen Patriziat und Handwerkern. Tatsächlich fanden sich die gegnerischen Gruppen je nach den Umständen in verschiedener Weise wieder zusammen: während sich die erste Erhebung der Knochenhauer in Lübeck (1380) als ein Konflikt zwischen einigen Handwerkern und dem Patriziat erweist, wird die Braunschweiger (1374) durch das Bündnis zwischen Handwerkern und mittleren Kaufleuten gekennzeichnet, und die Stralsunder scheint von einem Teil des Patriziats unterstützt worden zu sein, welcher der Tyrannei der Wulflam überdrüssig geworden war.

Im ganzen konnten alle diese Aufstände das Patriziat der Hansestädte nicht ernstlich schwächen. Seine Vorherrschaft wurde nur selten, wie in Magdeburg und Köln, gebrochen. Wenn es der Gemeinde zunächst gelang, die regierende Schicht zu stürzen, konnte sie sich im allgemeinen nur einige Jahre behaupten: das war in den meisten wendischen Städten der Fall. Allerdings mußte das Patriziat fast überall Vertreter der Handwerke — aber nur wenige — in den Rat aufnehmen oder der Einrichtung einer Gemeindeversammlung zustimmen, die aber keinen entscheidenden Einfluß gewann." (Philippe Dollinger, Die Hanse. Stuttgart 1966. S. 184.)

4. Stadt und Territorium

T 20 Statutum in favorem principum (1232)

„Im Namen der heiligen und unteilbaren Dreifaltigkeit. Friedrich II., durch Gottes gnädige Fügung Kaiser der Römer und immer Augustus, König von Jerusalem und Sizilien. [...]

1. Wie schon unser königlicher Sohn, so gestehen auch wir ihnen für immer zu, daß keine neue Burg oder Stadt auf geistlichem Gebiet, sei es auch unter dem Vorwand der Vogtei, von uns oder einem anderen [Fürsten] errichtet werden darf, ganz gleich unter welchem Vorgeben.

2. Neue Märkte sollen alte in keiner Weise stören.
3. Niemand darf gegen seinen Willen zum Besuche eines Marktes gezwungen werden.
4. Alte Straßen sollen nicht ohne den Willen der Benutzer verlegt werden.
5. In unseren neuen Städten soll die Bannmeile beseitigt werden. [. . .]
10. Die Bürger, die man ‚Pfahlbürger' nennt, sollen ganz und gar vertrieben werden. [. . .]
12. Eigenleute der Fürsten, Edlen, des Dienstadels und der Kirchen sollen in unseren Städten keinen Schutz mehr finden.
13. Eigentum und Lehen der Fürsten, Edlen, des Dienstadels und der Kirchen, das sich in den Händen unserer Städte befindet, soll zurückgegeben werden und darf nicht wieder weggenommen werden.
14. Weder wir noch unsere Leute sollen das Geleitrecht der Fürsten in ihrem Lande, das sie von uns zu Lehen haben, beeinträchtigen oder stören dürfen. [. . .]
16. Unsere Städte sollen nicht wissentlich einen Landschädling oder gerichtlich Verurteilten oder einen Geächteten aufnehmen; bereits Aufgenommene sollen ausgewiesen werden.
17. Im Lande eines Fürsten wollen wir keine neue Münze schlagen lassen, durch welche die Münze des Fürsten im Werte gemindert werden könnte.
18. Unsere Städte sollen ihre Gerichtsbarkeit nicht über ihren Umkreis hinaus ausdehnen, es sei denn, daß uns eine Sonderjurisdiktion zukommt. [. . .]
20. Ohne Zustimmung und aus der Hand des fürstlichen Lehnsherrn soll niemand Güter zu Pfand nehmen, mit denen ein anderer belehnt ist.
21. Zu städtischen Arbeiten können nur Leute gezwungen werden, die durch das Recht dazu verpflichtet sind.
22. Bewohner unserer Städte sollen von ihren außerhalb der Städte gelegenen Gütern ihren Herren und Vögten die schuldigen und gewohnten Abgaben leisten, aber nicht mit ungebührlichen Beitreibungen belästigt werden." (Statutum in favorem principum, Monumenta Germaniae Historica, Constitutiones II, Nr. 171, S. 211 ff. Geschichte in Quellen. Hrsg. von W. Lautemann und M. Schlenke, Bd. II, S. 568.)

T 21 Aus den Akten des Rheinischen Städtebundes (1254—1256)

„I. (Wegen der allgemeinen Unsicherheit und Gefahren in Land und Straßen wollen die Richter, Räte und Bürger von Mainz, Köln, Worms, Speier, Straßburg, Basel u. a.) allen zu wissen geben, daß wir [. . .] geschworen haben, auf 10 Jahre einen allgemeinen Frieden fest zu wahren. Diesen Frieden beschworen mit uns auch die ehrwürdigen Väter und Herren, die Erzbischöfe Gerhard von Mainz, Konrad von Köln, Arnold von Trier, die Bischöfe Richard von Worms, Heinrich von Straßburg, Jakob von Metz, Berthold von Basel und viele Grafen und Edle des Landes und ließen uns ihre Zölle als gleichsam ungerechte zu Lande und zu Wasser gütig und freigebig nach. Durch diesen Bund der Sicherheit wird das Versprechen gewahrt werden, daß nicht nur die Großen unter uns sich des allgemeinen Schutzes erfreuen, sondern auch alle Kleineren mit den Größeren, Weltpriester und alle Mönche gleich welchen Ordens, Laien und Juden diesen Schutz genießen und in der Ruhe des heiligen Friedens bleiben können.
II. Wir haben beschlossen, daß keinem Herrn, der dem von uns beschworenen Frieden widersteht, Lebensmittel von irgendeiner Stadt oder irgendeinem mit uns verschworenen Herrn, Waffen oder andere Hilfsmittel geliefert werden sollen, sei es von Christen oder Juden. Ferner daß ihnen nichts geborgt werden soll. [. . .]

III. [...] Und weil jetzt das Reich (imperium) ledig ist und wir des Herrn und Königs bedürfen, wollen wir alle Güter des Reiches, solange es ledig ist, mit allen Kräften verteidigen und schützen als die unsrigen. Wir haben auch unsere vornehmsten Boten zu den Fürsten geschickt, denen die Königswahl zukommt, und sie voller Sorge gebeten, daß sie zum Heil des ganzen Vaterlandes sich würdiglich auf Eine Person einigten, damit nicht aus ihrer Zwietracht die Sache des heiligen Friedens gestört werden kann. Wir haben auch mit geziemendem Eid beschlossen, daß, wenn in Zwietracht mehrere gewählt würden, keinem von ihnen der Zugang in irgendeine Stadt oder einen festen Platz offen stehen soll, daß wir ihnen in keiner Weise Treue oder das Servitium gewähren, ihnen mit Lebensmitteln nicht dienen, kein Geld borgen und weder heimlich noch öffentlich irgendwelche Hilfe leisten werden. [...]" (Monumenta Germaniae Historica, Constitutiones II, Nr. 428 und 434, S. 580, 582, 539 f. Nach: J. Leuschner, Das Reich des Mittelalters. Stuttgart 1963. S. 33.)

5. Die Hanse

T 22 Stralsunder Friede (1370)

„[1.] To dem ersten, dat alle borghere, coplude unde ere ghesinde unde de in eren rechte syn, [...] møghen søken dat rike to Denemarken unde dat land to Schone yn allen enden unde yeghenen[1], unde dat ze moghen to lande unde to watere varen unde keren in allen yeghenen myd eren gude unde copenscap ane yengherleye hinder[2]; [...] doch eren rechten tollen to ghevende, wor ze des plichtich syn, als de hir nascreven steyth[3].

[2.] Ok scolen ze den zestrant meynliken vri hebben in alle dem rike to Denemarken unde in alle deme lande to Schone unde in allen landen des gantzen rikes to Denemarken to ewighen tiden van allem schipbrokyghem gude, it hete wrak edder zevunt edder wo it hete[4]. [...]

[29.] Vortmer scal desse bref nicht hinderlyk wesen alle eren anderen breven unde vriheyden, de ze edder erer yenich van koninghen van Denemarken hebben, unde der scolen ze bruken unde de scolen by erer vullen macht bliven. [...] Unde umme dat se dit mit vrede besitten unde mit vrede upboren desse søsteyn[5] jar, so scholen se tho bewarynge hebben desse søsteyn jar over Helsingborgh, Elenboghe, Schonør unde Valsterbode mit allen dorpen unde voghedyen[6]: [...]

Vortmer were, dat unse here kønyngh Woldemer by syneme levende tho syneme ryke tho Denemarken thosteden wolde eneme anderen heren, dem scholde wi nicht thosteden, id en sy by der stede rade[7] [...]" (Hansisches Urkundenbuch, bearbeitet von K. Höhlbaum u. a. Halle/Saale 1876—1939. Bd. 4, S. 142 ff.)

---

1 Gegenden   2 ohne jegliche Behinderung   3 wie hier aufgeschrieben ist
4 Die hansischen Kaufleute sollen ungehindert ihr schiffbrüchiges Gut bergen können.
5 sechzehn   6 mit allen Dörfern und Vogteien
7 Wäre es, daß unser Herr König Waldemar, bei seinem Leben, seinem Reich Dänemark einem anderen Herren geben wollte, dem wollen wir nicht zustimmen, es sei mit dem Rat der Städte.

T 23 Umschlag im Lübecker Hafen vom 18. März 1368 bis 10. März 1369

Umschlag der über See eingeführten und ausgeführten Waren, mit einbegriffen die über Hamburg importierten und exportierten (eingeordnet unter „Westen"). Werte in Tausend Mark lübisch, nach Herkunfts- und Bestimmungslandschaften.

Eingeführte Waren	Herkunft, Bestimmung	Ausgeführte Waren	Summe	%
150	Westen	38	188	34,4
44	Livländische Städte	51	95	17,4
10	davon Riga	14		
34	Reval	14,3		
—	Pernau	22,7		
49,4	Schonen	32,6	82	15
52	Gotland-Schweden	29,4	81,4	14,9
19	Preußische Städte	29,5	48,5	8,9
16	davon Danzig	22,8		
3	Elbing	6,6		
17,2	Wendische und pommersche Städte	25,2	42,4	7,8
5,5	davon Stettin	7		
4	Stralsund	7,5		
2,2	Rostock	4,6		
5,5	Wismar	6,1		
4,3	Bergen	—	4,3	0,8
3	Kleinere Ostseehäfen	1,2	4,2	0,8
338,9	Gesamtsumme	206,9	545,8	100

(Philippe Dollinger, a. a. O., S. 549. Nach G. Lechner, Die hansischen Pfundzollisten des Jahres 1368, Quellen und Darstellungen zur hansischen Geschichte 10. 1935, S. 48.)

T 24 Der wachsende Getreideexport Danzigs nach Westeuropa

Jahresdurchschnitte der Ausfuhr durch den Sund, angegeben in Last (ungefähr 2 Tonnen); nach den Sundzollrechnungen.

Zeitraum	Gesamtausfuhr an Roggen durch den Sund	Ausfuhren aus Danzig			
		Roggen	Weizen	Mehl	Gerste
1490—1492		8 473	128	95	
1562—1565	50 676	42 720	4 826	4 424	603
1566—1569	43 771	34 089	2 258	1 390	495
1574—1575	35 773	28 796	3 493	1 750	277
1576—1580	25 297	14 071	1 437	1 259	41
1581—1585	24 431	19 860	2 258	1 305	187
1586—1590	39 295	28 633	2 982	1 472	498
1591—1595	45 290	29 080	2 097	1 082	676
1596—1600	50 070	38 585	4 773	1 221	474
1601—1605	37 818	32 283	1 664	903	208
1606—1610	55 472	38 980	3 258	255	796
1611—1615	44 378	34 765	1 941	227	507
1616—1620	68 326	51 778	5 679	263	1 418

(Philippe Dollinger, a. a. O., S. 557. Nach N. Ellinger Bang, Tabeller over Skibsfart og Varetransport gennem Oresund 1497—1660. II.: Tabeller over Varetransporten A. 1933.)

T 25 Das Anwachsen des Sundverkehrs

Zahl der Handelsschiffe (nach Herkunftsländern), die von Danzig kommend in westlicher Richtung den Sund passierten.

Jahr	Danzig	andere Hansestädte	Emden	Niederlande	Dänemark	Norwegen	Schottland	England	Frankreich	Gesamtzahl der aus Danzig kommenden Schiffe	Gesamtzahl der aus der Ostsee kommenden Schiffe
1560	138	80	30	420	8	3	23	9	0	711	1 409
1565	3	27	72	1 029	4	0	15	17	6	1 173	1 674
1569	52	97	311	349	55	4	36	60	3	967	1 583
1575	55	55	256	554	37	9	58	74	4	1 105	1 878
1580	29	37	121	465	13	5	23	10	13	717	1 876
1585	26	18	116	523	63	2	14	3	9	776	1 967
1590	40	41	134	596	33	15	39	6	25	931	2 496
1595	68	76	134	825	47	11	51	32	83	1 330	3 143
1600	66	68	102	529	26	4	24	12	11	842	2 154
1605	46	51	65	624	65	0	23	21	11	924	1 955
1610	20	40	51	614	36	1	16	6	13	816	2 044
1615	17	48	61	732	45	27	22	47	17	1 018	2 479
1620	9	35	47	892	18	18	12	12	0	1 072	2 614

(Philippe Dollinger, a. a. O., S. 556. Nach N. Ellinger Bang, Tabeller over Skibsfart og Varetransport gennem Oresund 1497—1660. I: Tabeller over Skibsfarten. 1906.)

Problem und Diskussion

1. Welche einzelnen Privilegien erhält Lübeck? (T 13) Welche Interessen der Bürger werden daran deutlich?
2. Analysieren Sie den Freiburger Stadtrodel! (T 14) Worin besteht die Attraktivität für die Ansiedlung in der neuen Stadt?
3. Welche Verpflichtungen übernimmt der Neubürger durch seinen Eid? (T 15) Welches Verhältnis hat er zum Rat?
4. Vergleichen Sie den Statusaufbau der mittelalterlichen Stadt (B 7) mit dem Aufbau der ländlichen Feudalgesellschaft! (B 6) Stellen Sie die Ähnlichkeiten und Unterschiede fest! Lassen sich Vergleiche mit der heutigen Gesellschaft anstellen? Worin liegt die Problematik solcher Modelle?
5. Untersuchen Sie die Zunftordnung der Leinweber! (T 17) Welche Interessen lassen sich erkennen?
6. Vergleichen Sie die Aussagen von Henri Pirenne, Fritz Rörig und Philippe Dollinger zu den Zunftkämpfen! (T 19) Worauf legen die einzelnen Forscher den Schwerpunkt? Wie bewerten Sie die Zunftkämpfe und ihre Auswirkungen?
7. Untersuchen Sie die sich auf die Städte beziehenden Artikel des „Statutum in favorem principum"! (T 20) Welche Interessen der Fürsten werden darin deutlich? Wie beurteilen Sie die Möglichkeiten der Durchsetzung einzelner Artikel?
8. Welche Ziele lassen sich aus den Akten des Rheinischen Städtebundes erkennen? (T 21) Was sagen die Urkunden über das Verhältnis der Städte zum Reich aus?
9. Interpretieren Sie die Artikel des Stralsunder Friedens! (T 22) Welche wirtschaftlichen und politischen Verpflichtungen werden Dänemark auferlegt? Was vermag die Quelle über das Verhältnis von wirtschaftlicher und politischer Macht auszusagen?

III. Blüte und Krise der Stadt im Spätmittelalter

1. Die wirtschaftliche Entwicklung der Stadt im Spätmittelalter

T 26   Bilanz der Fugger (1522)

Bergwerke und Bergwerksanteile (in Ungarn und Tirol)	270 000 fl
Sonstige Immobilien	150 000 fl
Waren (größtenteils Kupferlager, bes. in Antwerpen)	380 000 fl
Bargeld	50 000 fl
Ausstände (der größte Posten das „Hofbuch" 651 000 fl, u. a. auch den Rest der aus der Kaiserwahl herrührenden Ausgaben umfassend)	1 650 000 fl
Privatkonti der Gesellschafter	430 000 fl
Verschiedene schwebende Geschäfte	70 000 fl
Aktiva	3 000 000 fl
Passiva	870 000 fl
Nach Abschreibung zweifelhafter Forderungen usw. ergibt sich für 1527 ein Gesamtvermögen von	2 021 000 fl
1511 betrug das Anlagekapital	197 000 fl
Mithin verblieb für 17 Jahre ein Gewinn von d. h. 927 %!	1 824 000 fl

(Nach: Das Zeitalter der Fugger. Hrsg. von R. Ehrenberg. 2 Bde. Jena 1912. Bd. I, S. 119.)

B 8 Jacob Fugger (1459—1525) mit seinem Hauptbuchhalter im Kontor (Miniatur, 1518).

T 27 **Brief Jacob Fuggers an Karl V. (1523)**

„Eure Kaiserliche Majestät wissen ohne Zweifel, wie ich und meine Vettern bisher dem Hause Österreich zu dessen Wohlfahrt und Aufnehmen in aller Untertänigkeit zu dienen geneigt gewesen bin, wodurch wir uns auch bis weiland Kaiser Maximilian, Eurer Kaiserlichen Majestät Ahnherrn, eingelassen und seiner Majestät zu untertänigem Gefallen, um Eurer königlichen Majestät die Römische Krone zu verschaffen, uns etlichen Fürsten gegenüber, die ihr Vertrauen und Glauben auf mich und sonst vielleicht auf niemand setzen würden, verschrieben, auch den Kommissaren Eurer Majestät zum gleichen Zwecke eine bedeutliche Summe Geldes vorgestreckt haben. [...] Es ist auch bekannt und liegt am Tage, daß Eure Kaiserliche Majestät die Römische Krone ohne meine Hilfe nicht hätten erlangen können, wie ich denn solches mit eigenhändigen Schreiben der Kommissare Eurer Majestät beweisen kann. So habe ich auch hierin auf meinen eigenen Nutzen nicht gesehen. Denn wenn ich hätte vom Hause Habsburg abstehen und Frankreich fördern wollen, so hätte ich viel Geld und Gut erlangt, wie mir denn solches auch angeboten worden ist. Welcher Nachteil aber hieraus Eurer Kaiserlichen Majestät und dem Hause Österreich erwachsen wäre, das haben Eure Majestät aus hohem Verstande wohl zu erwägen." — Anmerkung: Die Gesamtkosten der Kaiserwahl Karls V. betrugen 852 189 Gulden, von denen auf Jacob Fugger 543 585 fl entfielen. (Nach: Das Zeitalter der Fugger, a. a. O., S. 112.)

2. Die städtische Kultur

T 28   Bericht des Aeneas Sylvius Piccolomini über Deutschland (1458)

Aeneas Sylvius Piccolomini (1405—1464) wurde 1458 Papst. Der vorliegende Text ist ein Auszug aus einer Schrift über Deutschland. Den Anlaß zu dieser Schrift hatte ein Brief des erzbischöflichen Kanzlers in Mainz geliefert, in dem dieser die päpstliche Habsucht angeklagt hatte.

„Daß Deutschlands Aussehen und seine Werke der Gesittung bei weitem vortrefflicher sind als ehedem, wer wüßte das nicht! Denn überall sehen wir wohlbestellte Fluren, Neuland, Weinberge, Park- und Blumenanlagen, Obstgärten auf dem Lande und um die Städte, Gebäude voll Verfeinerungen: die lieblichsten Landhäuser, Burgen auf Bergeshöhen, feste Plätze mit Mauern umgürtet, die glänzendsten Städte, an denen meistens die größten Ströme vorbeiwallen, oder die umschlungen sind von den klarsten, auf Brücken von Holz oder Stein überschreitbaren Flüssen. Wandern wir ein wenig durch die bemerkenswerten Städte des deutschen Volkes, so wird es deutlicher einleuchten, wie groß der Ruhm und Glanz dieser Nation ist. Nichts Prachtvolleres, Schmuckreicheres findest Du in ganz Europa als jenes Köln, das nach der Gemahlin des Claudius, der Mutter Neros, Agrippina, benannt wurde. Es ist ausgezeichnet durch seine Kirchen und Bauwerke, hervorragend durch seine Bevölkerung, berühmt durch seinen Reichtum, mit Blei gedeckt, durch Pfalzen geschmückt, mit Türmen befestigt, reizvoll durch den Rheinstrom und die prangenden Fluren ringsum. Wir wandern durch die überaus volkreiche Stadt Gent und den vielbesuchten Stapelplatz des ganzen Westens in Brügge. Obgleich diese unter gallischer Botmäßigkeit zu stehen scheinen, haben sie doch deutsche Sprachen und Eure Sitten.
Wir durchwandern die sauberen Städte von Brabant, Brüssel, Mecheln, Antwerpen und Löwen. Zum Rhein kehren wir zurück. Die alte Stadt Mainz, durch die Niederlage des Varus berühmt, mit prächtigen Kirchen, privaten und öffentlichen Gebäuden geziert, hat nichts, was man tadeln könnte, außer der Enge der Straßen. Auch Worms, obgleich nicht sehr umfangreich, kann niemand eine große Anmut absprechen. Dort wurde jener Reichstag der Deutschen abgehalten, welcher der Römischen Kirche unter Calixtus II. die Investitur der Bischöfe einräumte, während von Otto I. bis auf jene Zeiten die deutschen Bischöfe von den Kaisern selbst die Investitur erhielten. Auch Speyer, das volkreich und mit großartigen Gebäuden geziert ist, wird niemand mißachten. Im Dome ruhen nicht wenige Kaiser, unter ihnen Rudolf, der als Ahnherr der österreichischen Fürstenfamilie gilt. Argentina aber, Straßburg, zeigt solchen Glanz und Schmuck, daß es nicht ohne Grund seinen Namen trägt. Es ist Venedig ähnlich, indem es von vielen Kanälen durchschnitten ist, auf denen Schiffe in fast alle Straßen fahren, und ist insofern gesunder und lieblicher, als Venedig salzige und übelriechende, Straßburg [aber] süße und durchsichtige Wasser durchströmen. Ein Arm des Rheins von der einen, drei andere Flüsse von der anderen Seite treten in die Stadt ein und umgeben die dreifache Reihe der Mauern. Die bischöfliche Kirche, Münster genannt, prachtvoll aus behauenen Steinen erbaut, steigt als ein großartiges Kunstwerk empor; zwei Türme zieren sie, von denen der eine, der vollendet ist, ein wunderbares Werk, sein Haupt in den Wolken birgt. Auch andere Kirchen der Heiligen und Mönchsklöster sind dort, glänzend durch Größe und Pracht, sowie ein ausgezeichnetes Rathaus und Gebäude der Bürger und Priester, die zu bewohnen Könige sich nicht zu schämen brauchten.
Alle übertrifft jedoch Lübeck, mit den höchsten Gebäuden und den schmuckreichsten Kirchen ausgestattet. So groß ist das Ansehen, die Macht dieser Stadt, daß auf ihren Wink die drei mächtigen Reiche Dänemark, Schweden und Norwegen Könige einzusetzen oder abzusetzen pflegen. [. . .]

B 9 Nürnberg
(Freie Reichsstädte dazumal. Hrsg. von R. Dangel. Stuttgart 1965, S. 47, Aus der Schedelschen Weltchronik 1493.)

    Die Schwaben haben jenseits der Donau viele Städte. Doch die Königin von allen ist Ulm, eine mächtige und gar schmucke Stadt. Die Bayern auf der anderen Seite der Donau bewohnen Eichstädt und Amberg und Neumarkt und nicht wenige andere Städte, in denen viel Feinheit und viel Glanz herrscht. Will man daher die Wahrheit sagen, so ist keine Nation in Europa, deren Städte besser eingerichtet sind oder einen erfreulicheren Anblick bieten als die deutschen. Man könnte vielleicht einige von den italienischen Städten vorziehen, wie Venedig, Genua, Florenz, Neapel, in denen der höchste Glanz und Schmuck sich zeigt. Wenn man aber Nation mit Nation vergleicht, so besteht kein Grund, die italienischen Städte den deutschen vorzuziehen. Das Aussehen Deutschlands ist gewissermaßen neu, und die Städte selbst scheinen gleichsam vorgestern erbaut und errichtet.
    Hieraus erhellt, daß Deine Nation nicht arm ist. Denn die Armen können keine großartigen Gebäude errichten. Und wenn es wahr ist, wie man sagt, daß da Reichtum ist, wo Kaufleute sind, so mußt Du bekennen, daß die Deutschen sehr reich sind. Denn der größte Teil von ihnen, nach Gewinn trachtend, ist dem Handel ergeben, durchstreift weithin fremde Länder." (Quellen zur Allgemeinen Geschichte des Mittelalters. Hrsg. von G. Guggenbühl. Zürich 1946. S. 274.)

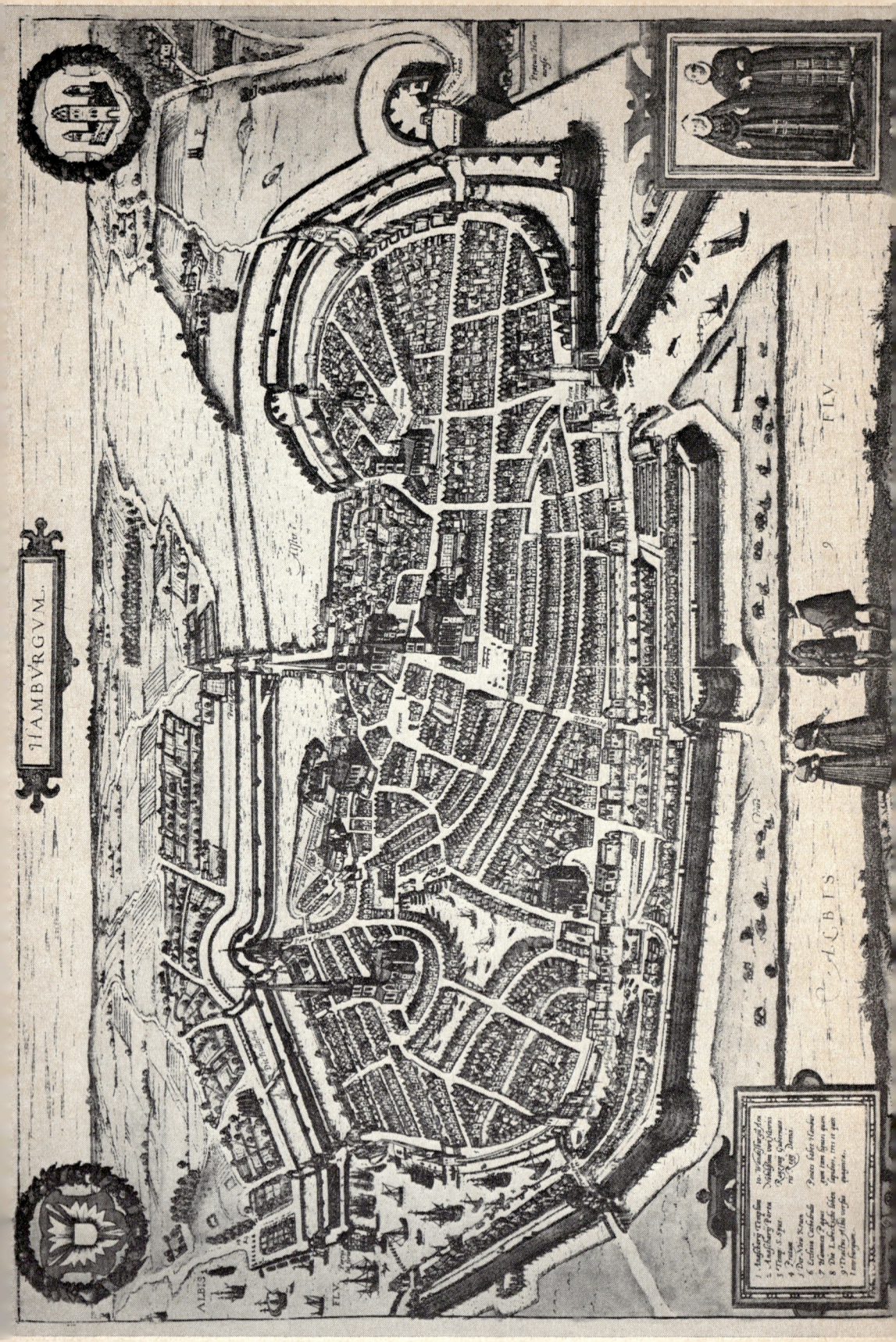

B 11 Der Hansekaufmann Georg Gize
(von H. Holbein, 1532)

T 29 Die Kultur des Bürgertums

„Dem wachsenden literarischen Interesse entspricht das Aufkommen städtischer Bibliotheken: hier steht Florenz an der Spitze mit der Gründung der Bibliothek im Dominikanerkloster San Marco im Jahre 1444; aber auch eine Stadt wie Hamburg hat 1479 für ihre Ratsbücherei ein neues Bibliotheksgebäude errichtet, auf dessen bildnerischen Schmuck man Sorgfalt und Kosten verwandte.

Es entspricht nur dem führenden Anteil, den Städtewesen und Bürgertum an der Verweltlichung der Kultur genommen haben, wenn am Ausgang der hier behandelten Periode die Städte selbst die Brennpunkte der großen neuen geistigen Bewegungen gewesen sind, von Humanismus, Renaissance und Reformation. Man denke an das Florenz des späten Mittelalters; an die ungeheure Empfänglichkeit des deutschen Bürgertums für die Reformation. Das alles führt in große Zusammenhänge, aus denen hier nur noch hervorgehoben werden möge, daß um die Wende vom 15. zum 16. Jahrhundert in Augsburg und Nürnberg der größten wirtschaftlichen Regsamkeit innerhalb der deutschen Städte eine führende Stellung auch im geistigen Leben ihrer Zeit entspricht. Es hatte schon seinen tieferen Grund, wenn das Planen eines Maximilian I.

◀ B 10 Hamburg
(Alte deutsche Städtebilder. Hrsg. W. Bruhn, Hamburg 1964, S. 50. [Aus dem Werk von G. Braun und F. Hogenberg.])

so eng mit Nürnberg und Augsburg verwachsen ist. Ein Mann wie der Augsburger Ratssyndikus Konrad Peutinger, Jurist und Humanist, der gern gehörte Berater Maximilians, war wie kein anderer geeignet, in seiner Person und seinem ganz auf die neuen Ideen, auf Sammeln literarischer und auch anderer Kostbarkeit eingestellten Hause die Verbindung herzustellen zwischen dem Kaiser und den geistig-künstlerischen Kräften der oberdeutschen Städte. Namen wir Willibald Pirckheimer und Albrecht Dürer genügen, um die Gebundenheit der künstlerischen, genealogischen und wissenschaftlichen Absichten des Kaisers an die oberdeutsche städtische Kultur zu erweisen. Neben Nürnberg und Augsburg sind aber wenigstens noch Basel und Straßburg als Pflegestätten humanistischen Geistes hervorzuheben: Basel, wegen seiner Lage zwischen den drei großen Kulturgebieten so recht der Sammelplatz der unruhig kommenden und gehenden Humanisten, die Wirkungsstätte eines Johann Reuchlin und Sebastian Brant, jenes Mannes der Geschäfte und des Rechtes, vor allem aber der menschenkundigen Satire; endlich der Ort, der einem Erasmus von Rotterdam würdig erschien, ihn 1521 als seinen endgültigen Wohnsitz zu wählen." (Fritz Rörig, Die europäische Stadt im Mittelalter. Göttingen ⁴1964. S. 97.)

T 30   Die Stadt schafft den Bürger

„Der Markt ist die früheste Form der Öffentlichkeit, [..., wo es den einzelnen] weitgehend überlassen bleibt, mit wem, auf welche Weise und wie lange sie Kontakt aufnehmen. [...] Eine solche Offenheit von Kontakten besteht nicht im marktlosen Dorf, im Oikos eines Grundherrn, in der Lehnshierarchie oder im bürokratischen Stab des absoluten Fürsten. [... Die Integrationsformen für dieses öffentliche Handeln] vermitteln auch den Impuls, Persönliches, das für die Offenheit der Kontakte zu empfindlich ist, abzudecken. [...] Diese Privatisierung ist die Voraussetzung für die Herausbildung einer privaten Sphäre als eines autonomen Lebensbereiches, in dem sich die Verfügungsfreiheit im individuellen und familiären Rahmen zu entwickeln vermag. Die private Sphäre ist ein Produkt der Stadt. [...]" (Max G. Lange, Die Funktion der Stadt in der ersten industriellen Revolution. In: Die Stadt als Lebensform. Berlin 1970. S. 91 f.)

3. Die Bedeutung der mittelalterlichen Stadt und des Bürgertums in der europäischen Geschichte

T 31   Die Geburt der europäischen Stadt des Mittelalters

„Die europäische Stadt startete in einer politischen Umwelt, deren Gefüge einen Dirigismus von zentraler Stelle ausschloß, in fast allen Ordnungsbereichen, voran im Rechts- und Wirtschaftsleben, der regionalen und lokalen Selbstgesetzgebung Raum geben mußte; sie überwand dann in ihrem Selbstbestimmungsgebiet den politischen Stil der Frühzeit und schuf prototypische und vorbildliche politische Institutionen für die Zukunft, soziologisch jünger als die Reiche und Herrschaften des Frühmittelalters, soziologisch älter als der neuzeitliche Staat; sie wurde schließlich vom neuzeitlichen Staat geschichtlich überholt und überrollt. [...]" (Wilhelm Berges, Stadtstaaten des Mittelalters. In: Die Stadt als Lebensform. Berlin 1970. S. 53.)